『都鄙問答』と石門心学

―近世の市場経済と日本の経済学・経営学

由井常彦

はしがき

本書は、江戸時代（近世）の中頃に京都の学者石田梅岩《いしだばいがん》が、商業経営の経験と自身の学問に立って著した商人道の古典たる『都鄙問答《とひもんどう》』（一七三九〈元文四〉年）を紹介し（必要な箇所は原文と現代語訳）、ひろい読者を対象として、筆者の解説を付した新版です。

同書は、近世日本に市場経済が訪れた当時において、新しい階級としての商人にたいし、遵守《じゅんしゅ》すべき道義《モラル》と必要な経営の心得を、理論的にも実用的にもわかりやすく説いた比類のない書物でした。これを世界的にみれば、同じ一八世紀中頃に市場経済が発展したイギリスにおいて、経済学の祖といわれる、かのアダム・スミスが、市場主義経済（自由放任《レッセフェール》と称されました）と道徳感情の必要とを『諸国民の富（国富論）』（一七七六年）などの著作で主張した時期に当ります。そこで、市場取引の長所と道義の必要を唱えた石田梅岩を、近世日本の経済学者と論ずることが可能で、この新版はこうした知見に立つものです。

さて、石田梅岩の商人道は、彼の没後、使命感をもった門下の人々によって石門心学《せきもんしんがく》と称され、私塾（講舎）教育の方式による普及・発展が精力的に試みられました。一方で解《わか》りやすさと実用性、他方での学問性、それに宗教性を帯びた石門心学の教化《きょうげ》活動は―「心と道」がキーワードでした――、京・大坂から江戸、そして全国各地に伝えられ、身分の差別なく、上は幕府の老中から下は人足寄場《にんそくよせば》の浮浪人までうけいれられました。

こうして商人、商業ビジネスを対象とし、石田梅岩の『都鄙問答』を経典とする心学思想は、幕末の農政学者の二宮尊徳《にのみやそんとく》の報徳《ほうとく》運動とならんで、日本人のいわば国民性的な道徳の感情を養ったといえます。したがって、明治維新後の近代日本においても、職業や身分を越えて少なからぬ人々の精神的な支柱となり、その命脈を保ちました。

さて筆者は、ひろく日本のビジネスにかかわる古典として、『都鄙問答――経営の道と心』〈日経ビジネス文庫、二〇〇七年、内容は『清廉の経営――『都鄙問答』と現代』〈日経新聞社、一九九三年〉と同じ〉を世に出したことがあります（以下、旧版と称します）。旧版は四半世紀以前なので、その後改訂の必要を強く感じていました。

その要点は、彼の時代は「市場経済」の到来期であること、そして彼の市場取引重視の所論は「近世日本の経済学」として吟味し、評価すべきではないか、ということにあります。前者については近年の経済史家によって論ぜられるようになり、後者については友人の経済学者桜井毅氏〈経済学理論、経済学史〉が同じ意見でした。

幸い旧版『都鄙問答』は、古典的名著の復刻について意欲をもっておられる冨山房インターナショナルの坂本喜杏社長の眼にとまり、旧版の改訂でなく、全面的な改訂（新版）も結構とのことでした。そこで本書は、サブタイトルも「近世の市場経済と日本の経済学・経営学」に改めることにしました。
ただし経済学という場合は、一八世紀以来の斯学の学問的な用語と概念があり、改めてアダム・スミスの著作との比較・論証が必要なので、第一部の『都鄙問答』の紹介・解説とは区別して、「序説」を設けて論述することにしました。日本の「経営学」については、いわゆる日本的経営の諸原則が石田梅岩にさかのぼることはすでに知られているところで、筆者も旧版で説明しているところです。

本書は、「序論」以下、第一部「『都鄙問答』を読む」、第二部「石田梅岩の生涯と市場経済到来の時代」、第三部「江戸時代の石門心学」、第四部「近現代日本と石門心学」から構成されています。特に前半は、新版の趣旨に即して大幅に書き改めました。本書から日本の商人道というビジネスの道義と経営の心得を得たいと思う読者には、一読をおすすめしたい部分です。

後半の第三部、第四部は、石門心学の歴史の概要で、すでに蓄積されている研究に立脚し、筆者の知見を加えた旧版の大幅な改訂版です。

石田梅岩の著作はいつになっても読み継がれ、心学の道と心についての関心は、途切れることなくつづいているようです。市場経済にあって『都鄙問答』は、われわれの祖先が書き残した経営の智慧というべき古典にほかなりません。

もくじ

装幀／滝口裕子

本書に掲載する『都鄙問答』の原文は、柴田実編『石田梅岩全集』(一九七二年、清文堂出版)上巻に所収の「都鄙問答」(宝暦本、三〜一八四頁)によっています。ただし、読者ができるだけ読みやすいように、原文の旧漢字は当用漢字に、カタ仮名はひら仮名に改めたほか、文中の漢文体の文章は読みくだしとし、ふり仮名と送り仮名をつけました。ふり仮名はある程度は原典にも付されておりますが本書ではさらに補っています。しかし、原文尊重の趣旨から、仮名は原則として著者と同じ旧仮名遣いにしたがっています。原文において同じ単語について漢字表記とひら仮名表記とが混在しているところが随所にありますし、ふり仮名と送り仮名の表記の異なるところもありますが、原文のままにしました。なお、江戸時代の出版界の常態として、『都鄙問答』のように流布され、長い期間にわたって読まれた書物については、各種の版本が伝えられています。その考証については前掲の『石田梅岩全集』を参照してください。

序説

本書の趣旨は、はしがきに書きましたように、江戸時代に商人道（ビジネスの道）を説いた古典たる、石田梅岩の『都鄙問答』（一七三九年）の解説です。私の旧著が「経営の道と心」をサブタイトルとしたのにたいし、本書では「近世の市場経済と日本の経済学・経営学」としています。もちろん本書は、石田梅岩が、商人（町人）を対象として執筆し、当時新しい階級として地歩を築いていた商人のモラルと心得（道と心）を説いた書物であることの理解と評価は何ら変わりありません。現代のビジネスに携わる多くの人々に一度は読んでほしい古典の一つです。

ところで、『都鄙問答』と続編たる『石田先生語録』とをよく読むと、彼は当時日本の市場経済の発展に着目しており、もとより古典派のレベルにせよ、彼の所論は近世日本の経済学・経営学といえる内容をもっていることがわかります。これまで石田梅岩の著作は、学界においては独創性や学問的価値が乏しいといわれ、一般的にもしばしば商人ないしは庶民のための道徳・教育の書として扱われてきましたので、この点で本書は新しい知見を加えています。

そこで本書は、サブタイトルに「近世の市場経済と日本の経済学・経営学」を付することにしました。近世日本が生み出した市場経済と経済学・経営学という新しい立場からみたとき、石田梅岩の所論の先見性、独自性が見出され、今日においてなお評価されるところがあると思います。

さらに時代の背景を江戸中期の一八世紀の市場経済の発展に置くことの利点には、興味ある国際比較への途がひらけることがあります。石田梅岩の著作が世に出た一七五〇〜六〇年代は、西洋世界では同じ島国で、ほぼ同じ人口のイギリスにおいて、市場経済が到来した時期とみることができ、そして世界最初の経済学者たるアダム・スミス（一七二三〜九〇）の言動が注目された時代でした。スミスの『国富論』『道徳感情論』と梅岩の『都鄙問答』が、ほぼ同じ頃に出版されたことは必ずしも偶然ではありません。

ところで、「市場経済」「経済学」「経営学」は、いずれも学問的な用語ないしは概念ですので、簡単にせよ説明が必要でしょう。そこで、あらかじめこの序説において、これらの用語・概念を説明し、石田梅岩が江戸時代日本における経済学者そして経営学者、少なくとも日本の経済学・経営学の先駆者といえることをあらかじめ明らかにしておくことにしました。したがって、今日でもビジネスに有用な実用書として、『都鄙問答』や石門心学の内容をはやく知りたい読者は、この序説を後にまわして第一部から読んでいただいても結構です。

石田梅岩がこの書物を書いた時代は、江戸時代半ばの一八世紀中頃ですが、さかのぼって世界史的な視野からみると、洋の東西で、自由主義の経済学（イギリスでは政治経済学、日本では経国済民の学――内容的には日英とも同じ）が登場していることは、まことに興味深いことです。

西ヨーロッパでは、戦争と内乱の一七世紀がひとまず終わり、貿易を中心に市場経済と産業革命の一時代を迎えたイギリス（スコットランドを含め）では、有名なアダム・スミスが『国富論』（Adam Smith: *Wealth of Nations*, 1776）を著して、〝市場経済と自由放任《レッセフェール》〟の時代の到来を提唱し、ヨーロッパ諸国から植民地時代のアメリカにまで大きな影響をもたらしました。以来スミスは、経済学（のちに古典派と称されました）の父、あるいは資本主義経済学の祖と称されています。

それにたいし、ほとんど同じ、やや早い時期に石田梅岩の『都鄙問答』、『倹約斉家論《けんやくさいかろん》』などの著作が世に出ています。ここで梅岩は、政治権力の経済活動への介入を不可とし、価格が日々に変動しても市場経済を可と主張しています（本書第一部第四章）。ともに自由な市場経済のさらなる発展が、「見えざる神の手」（スミス）、「天のなすところ」（梅岩）によって実現し、人々のより幸福が期待されると説いています。

日本・イギリスともにそれに先だつ時代には、経済活動の多くが政治ないし権力によって著しく左右されていたことから考えてみれば、非常に進歩的な主張であって、新しい時代の到来を意味づけるものでした。二一世紀を迎えた今日でも、市場経済という言葉と概念を使うと、一八世紀から今日まで続く経済社会の変遷と、主体たる経営《ビジネス》の成長を、進化的《エボリューショナル》発展としてあとづけることができます。

ところで江戸時代までさかのぼられる市場経済については、本書の第二部で解説するところですが、大都市（江戸・大坂・京都）と主な港湾ならびに城下町において重要商品の貨幣による取引が発達しました。それとともに交通・輸送・通信などのインフラ、そして流通組織の整備をみて、主要な市場には取引所ないし取引の場が設けられ、全国的な流通のネットにおいて売買が恒常的に営まれるようになりました。本書の市場経済は、こうした経済社会を指すこととします。ここでは、一物一価の法則が全国的な条件のもとに成立することになります。

市場経済の持続的発展の前提として、貨幣による商品取引、つまり貨幣経済の進歩・普及にふれておくと、この面でも一八世紀の日本は画期でした。一時代前の五代将軍綱吉の元禄時代は貨幣の改鋳（品質の低下）が頻繁に行われ、貨幣の供給、通用が進みましたが、かなり恣意的で、インフレと混乱を招きました。これにたいし八代吉宗は、享保の改革によって是正につとめ、次いで九代将軍家重の田沼政治といわれる時代に、銀目貨幣の制度化と市場経済にみあった通貨の供給が行われました。

江戸時代を通じ、もっとも重要で最大商品たる米については、幕府・諸藩の貢租米の集積・販売地の大坂・堂島の取引所が著しく発展しました。これにについては綿密な実証的研究が行われており、江戸についても伝馬町の綿（衣料の代表商品）の問屋取引について恒常的な相場取引の実態が解明されています（宮本又郎『近世日本の市場経済』一九八八年、高槻泰郎『大坂堂島米市場』二〇一八年、石井寛治『資本主義日本の地域構造』二〇一八年）。

これらは、江戸中期の市場経済の発展を解明する重要な学問的な分析的研究ですが、この時代の商人たちの生活経験についてみるのも興味深いと思います。

今、石田梅岩自身の享保末（一七三〇年代）の所感をみると、市場経済の時代の到来を次のように述べています。

それ天下安穏《あんをん》に治《おさま》り、有難く忝事一《かたじけきなこと》をあげていはば、財宝《ざいほう》は数千里のあなたより、数千里のこなたへ取通《とりかよは》し、舟路《ふなち》・陸路《くかち》（にあれ）、海賊・山賊の患《うれ》ひを知らず。近くは閭巷《りよこう》〈さとざと〉の区々《まちまち》まで、我家《わがや》に安居《あんきよ》して、士農工商をのれが業《いとなみ》に心をいるれば、何の不自由なきようにとの御仁政への時代となり、…（平民は）家業の隙《ひま》ある折あれば、月花のたのしみも心にまかせ、旦《そのうへ》志あれば、成人の道を学び、貧福《ママ》（まづしとみ）ともに天命《てんめい》なれば、此身のまゝにて足《た》ることの教《おしへ》を聞く。（石田梅岩『倹約斉家論』）

【大意】かつての時代と変わって天下が泰平で治安がゆき届いていることはありがたいことです。例をあげれば、高価な商品（松前の数の子・昆布、土佐と石巻の鰹節、甲斐・上野の絹織物など―引用者―）が数千里のはるかかなたの産地からはるかに離れたこちらの京都にまで取り寄せることができ、海上や陸路を通っても海賊や山賊に襲われる心配がなくなりました。近くの町々や村里にいたるまで自分の家に安住し、士農工商のだれもが自分自身の職業生活を自由に営めるようになった今日は「御仁政」というべきです。（武士は昼夜を問わず治安の維持に尽くし、平民は）家業につとめて隙《ひま》があれば、秋の月や春の花を心から楽しみ、その上意欲があれば聖人の道を学び、生まれに貧富の差があっても、ともに天命と知ればこの身このままに満足できるものです。

これをみると、ようやく泰平とともに訪れた市場経済の社会の現実が、商人はもとより誰にも歓迎されていることが知られます。ちなみにスミスのイギリスでも、一七世紀から一八世紀初頭まで続いた対外戦争と内乱が一段落し、内外の貿易が急速に活況をみるとともに、学問と科学に関心が高まった時代に当ります。

さて市場経済は、相場の変動を受け入れることですが、そのことは同時に、日々の相場の価格とは別に、商品に内在する、より安定した価格、すなわち、より本来的な価値が存在するのではないかとの疑問が生じます。商品価値とは何かが改めて問われることになります。

こうして登場した商品の価格と価値をめぐる問題は既成の学問では解明できませんでした。そこで、新しい学問たる政治経済学の重要なテーマとなり、一八世紀末以降、価値論を中心に経済学の発展をもたらしました。アダム・スミス自身においては、商品価値の実態は「労働、地代プラス利潤（利子）」と論じられており、労働価値論の途をひらくものでした。地代が重視されているのは、中世以来ヨーロッパ諸国では、広大な土地は領主階級の人々によって所有されており、地代は彼らのおもな収入源となっていた事情を反映するものでした。（近世日本では土地持ち（本百姓）が本来的でした）。スミスは、賃金と利子と地代の間に均衡点があると考え、これを自然価格と呼んでいます。

これにたいし、梅岩をみると、彼は農（民）・工（職人）・商（人）をもって「産業」（物品を生ずる職業）と称し、それぞれが「用」（職能ないし効用）をもち、いずれも価値を創造しているとしている、したがって「萬《よろず》の産業」が価値の総体（富）を産むと論じています（『都鄙問答』巻之二）。そして富の配分において、農工商の別があり、農民・職人の所得が比較的乏しいのは、リスクが少なく安定しているせいであり、商人のそれが比較的多いのは、リスクが高く存在自体の基盤が保障されていないからだとしています。さらに武士は治安と行政が職能で、剰余価値の部分の再配分にあずかれる、としています。そこで究極的には「武士の扶持《ふち》と、商人の利潤（収益）と同じ」という立論をしています（詳細は本書第一部第三章）。市場経済がこうした価値論に立脚しているからには、石田梅岩をもって江戸時代日本の経済学者といえます。

スミスの著作がまことに浩瀚《こうかん》なのにひきかえ、梅岩のそれが大冊でなく、庶民むけといえ、梅岩の著述をおとしめる見解は必ずしも正しくはありません。経済原理としての価値については、『諸国民の富』も、それほどシステマティックに論じられているわけではありません。英仏両国そしてアメリカなど諸国の貿易、財政、税制を詳細に考察した書で、経済の原理は指摘されているにとどまります。価値論、そして利潤と所得の分配についての学問的議論は、イギリスでも半世紀以上後のD・リカードの『経済学および課税の原理』（David Ricardo, *On the Principles of Political Economy, and Taxation*, 1817）まで待たねばなりませんでした。さらに価値の源泉を労働一本に絞り、理論を深化したのは、かのK・マルクスの『資本論』（Karl Marx, *Das Kapital: Kritik der Politischen Oekonomie*, 1867–94）で、彼が価値と余剰価値を解明して登場した一九世紀中頃になってのことです。（注1）

もとより同じ一八世紀の市場経済として東洋の日本と西洋のイギリスとの間には大きな相違があります。特に構造的にみると、イギリスが天然資源に富み、また内外に貿易の市場が開かれているのに反し、日本の場合は鎖国によって市場が国内に限定され、また耕作可能な土地はじめ資源が有限であったことが指摘できます。江戸時代日本は同じくらいの二千数百万人の人口をかかえるとはいえ、イギリスと違って自給自足の国家経済を維持しなければなりませんでした（原則的に藩も同じ）。分業の利益の次元も、イギリスの生産と工業に対し、日本は販売と商業でした。ここにおいて梅岩の主張が、マクロ・ミクロを問わず、資源・財貨の節約・貯蓄の強調に終始し、勤倹貯蓄の経済学となっているゆえんもあります。

江戸中期以降の日本は、軍事的脅威—武士にとっては能力発揮の機会—の低下ないし消滅にともない、学問を身につけた人々にとって、石田梅岩の経済学ないし価値論（農工商の階級が等しく価値を生み出す）は、わかりやすく納得できる論理であったことでしょう。かつては安易に行われていた年貢米の増徴などは「苛斂誅求《かれんちょうきゅう》」の途として好まれず、「経世済民」の学は、より価値増大の政策論や財政学にシフトするようになります。

なお、一七、一八世紀の日英両国の（ビジネスマンを含め）個人主義といわれる人間のありようの相違を指摘しておかねばなりません。イギリスでは、—人間と神の間に存在する教会の権威を拒否する—ピューリタンなどの新教徒の勢力が強まり、個人の独立と自主性を重んずる「個人主義」的な傾向が生じましたが、市場経済と自由放任の時代の到来は、こうした動向が一段と促進されました。上述の貿易への依存は、「隣人との関係に距離をおく」思想や意識（寺西重郎『経済活動と宗教』）をさらに醸成することになりました。（注2）

それにひきかえ江戸中期には、『都鄙問答』が説くような人間関係の尊重にみられるように、市場経済の発展にかかわらず、取引先はもとより隣人関係は頗る重視されています。こうしたイギリスと日本のビジネスにかかわる相違は、一八世紀以降、一九世紀において、よりはっきりするところで、改めて本書の第一部第七章および第四部において論述することになります。

石田梅岩を江戸時代の経済学者の先駆者と論ずるには抵抗感をもつ人々が少なくないかもしれませんが、梅岩を近世日本の経営学の祖として考えることには同意する人々が少なくないと思います（今から五〇年前、一九六〇年代にハーバード大学のアベグレンが、「日本的経営《ジャパニーズマネジメント》」として、「終身雇用・年功賃金・企業組合」の三者をもって定形化して以来、そうした日本の経営の源流として、石田梅岩や石門心学の存在にふれた著述が相次ぎました。さらに心学の専門的な研究者のなかにもこうした見解を肯定的に論ずるコメントが少なくなかったように思います―竹中靖一『日本型経営の源流』など）。

経済学が市場経済とともに一八世紀に登場し、発展したように、今日につながる経営学は、株式会社としてビジネスの世界に大企業が出現した一九世紀末に生成しました。そして二〇世紀を通じて先進諸国に会社というビジネス革命が普及するなかで、新しい「組織とマネジメントの学」が認識されるようになりました。経営学として統合的で学問的な動向が現れたのは、このビジネス革命の時期で、一九世紀の末から二〇世紀の初期のことです。本書で社会科学としての経営学の成立と発展について詳述することはできませんし、その必要もありませんが、日本の経営学の先駆という本書の文脈において要約的に述べておきましょう。

この時代に産業革命を経て欧米において登場した近代的会社、特に製造工業においては、規模が拡大した工場や施設の現場において、労使関係ばかりでなく、能率（efficiency）とか効率（effectiveness）という問題に直面しないわけにゆきませんでした。特に、大会社が次々と現れたアメリカにおいては対策が必要視され、作業を細々と分析し能率と生産性向上をはかるテイラー・システムに代表される経営管理の科学（science of management）が発達しました。同じ頃にヨーロッパ諸国では、作業者の意識や感性が考慮され、経営管理の研究が心理学と結びついたことも注意されるべきでしょう。次いで、アメリカでは二〇世紀の劈頭《へきとう》一九〇七年に、フォード（Ford Motor）が小型乗用車（モデルT）の当時の常識を超えた量産・量販に着手し、成功したことが、新しい「経営管理《マネジメント》」の学問に大きな刺激を与えました。

もっともここで、経営学の生成・発展と、そのよってたつ経済社会との密接な関係を無視することはできません。一八世紀以来、産業革命・市場経済の母国たるイギリスでは、A・スミスの楽観と裏腹に、労働組合が普及するとともに労使間の紛争が長引いており、一九世紀末から二〇世紀初頭には、能率よりも、労働者の業種別作業のディマーケィション（区別、demarcation）

の問題が経営と組合との間で論議されつづけました。そしてさまざまな経緯をへて、ディマーケィションは、労働者の基本的権利（人権）として認められるようになりました。同時に出資者（株主）の所有の権利も確定され、こうして雇用主（employer）と被雇用者（employees）との対立関係は不可避となりました（we と they の関係、日本とは対照的です）。ディマーケィションの有無は、従来日本ではあまり論じられておらず、本書の重要な論点の一つです。

ところで近世日本では、産業（技術）革命は起こりませんでしたが、市場経済の発展は、大都市と商業の著しい発達をもたらし、百万人をこえる大消費都市の江戸においては、西洋諸都市に先立って「現金定価」の販売革命が呼び起こされました。ここに現れた大店《おおだな》は、所有と経営の分離、存続の経営、多数の店員の管理など、経営の学の必要をもたらすもので、石田梅岩の商人道の経営学を招来するものでした。

日本においては、近世日本の商家経営の伝統から（本書第一部）、明治の早々から、いわゆる財閥を含めて、所有と経営が分離した大会社が発達しました。明治日本の場合は、産業革命とビジネス革命を同時に経験することとなりました。そして間もなく、労使関係と能率の問題が生じました。労使関係については、家族主義的な温情主義（パターナリズム、paternalism）からさらに労使一体論も生じました。能率については、メーカーの一部に関心がもたれました。だがアメリカとは異なって、能率の必要を提唱した人々の主流は、「能率道」（上野陽一）を提唱するなど、近世の商人道の継承がみられることは興味あることといわねばなりません（本書第四部）。

さて、第二次大戦後には、一九四〇年代末から五〇年代にかけて、アメリカ発の経営管理《マネジメント》と生産性《プロダクティビティ》が、いわば「経営学」として、世界的に圧倒的な影響を及ぼしました。それには、第二次大戦の連合軍の勝利が、アメリカ的な「組織と管理」の成果による、という見方が世界的にひろまったことによるものでした。豊かな経済を基盤とするアメリカのマネジメントの科学が、日本やドイツの軍国主義の精神に打ち勝った、というわけです。

ヨーロッパ諸国の財界では、戦後相次いで訪米とビッグビジネスの見学とマネジメントの学習が行われました。日本では復興が実現したところで、政府支援の生産性本部が設立され（一九五四年）、生産性本部を中心に視察団の訪米が相次ぎ、経営学の実地学習がどの国にもまして積極的に行われました（欧米とちがって労働組合のリーダーたちも参加しました）。戦前に科学の伝統が乏しかった日本では、成果も大なるものがありました。特にアメリカのマーケティング（販売管理）は、百貨店と問屋（卸売）支配の、日本に伝統的な国内の流通を一新するところがあり、一九六〇年代は「流通革命」の一時代を経験することになりました。

ところで、一九七〇年代の石油危機を乗り越えると、日本の高度成長について国際的な関心が集まり（EC〈EUの前身〉の発足と拡大は、日本の経済の成長の脅威に対するヨーロッパ諸国の対応でもありました）、日本の経済成長には、政府の支援や生産性運動ばかりでなく、日本の企業に内在する諸制度が有効に働いているのではないかという内外の意識から、「日本的経営」が活発に論じられました。（注3）

ここでそれらを一つ一つ紹介、吟味することは有用ではありますまい。その主なポイントは、

(1) 経営の理念・目標について、「長期的な存続」が何よりも重視されること（ゴーイング・コンサーン going concern。アメリカの経営学でも六〇年代には強調されたことがある）。同時に経営内では求心的な「和」や「協力」が強調されること（心と和と道には適切な英語は見出されませんでした）。

(2) (1)とむすびついて、意思決定についても全員の一致が必要であること。したがって、会議が不可欠なこと。

(3) 経営管理には、人事がきわめて重要で、能力と年功がともにカウントされること。

(4) これらの特徴から、コミュニケーションが日常的に行われること。

これらが主要な特徴とすれば、いずれも近世の石田梅岩の『都鄙問答』と『石田先生語録』に説かれているところです。梅岩の場合は、まず『問答』において経済学が説明され、次いで『語録』において経営学が展開されており、経済学と経営学がシステマテックに論じられていることも注意に値します。

その具体的な問答こそ、石田梅岩の経営学であり、本書の課題といえましょう。

注1 マルクスの労働価値説と石田梅岩の労働価値説の異同について―。商品に内在する価値について、価値の創造を労働の価値と一元化したことでは、マルクスと石田梅岩とは同じ、と論ずる

ことができます。だが、両者の相違も明らかです。

　重要な相違の第一は、マルクスは、資本制生産様式（資本主義経済）においては、生産にかかわる労働のみが価値を生ずるとしており、流通は価値を生まない（生産の価値の分け前にあずかる）としています。これにたいし石田梅岩は、農工商のすべての階級の労働が価値を生むとしており、マルクスよりも一八〜一九世紀のそれぞれの社会の現実に即している、といえます。第二に、農工商の自身の生活の再生産をこえて生み出した剰余価値は、軍事、治安および行政の担当のいわば公務員たる武士階級が配分にあずかるというのは、リーゾナブルな説明というべきでしょう。したがって、マルクス経済学を特徴づける搾取論とは無縁です。

　マルクスの労働価値説は、剰余価値がすべて利潤として資本家に帰属するとされました。そのため周知のようなマルクス主義運動という革命論を呼び起こしました。しかしここでは、彼の学問としての経済原論とイデオロギーとは明確に区別しています。

注2　古典派の経済学からケインズの近代経済学について―。アダム・スミスはじめイギリスの自由主義の古典派の経済学者は、雇用とか労働（賃金）については、本質的には楽観者《オプティミスト》で、市場における調整と均衡に期待していました（自然価格）。

　しかし、イギリスで一九世紀末から二〇世紀になると、いかなる予想をこえた深刻な不況と失業の長期化が起こり、社会的には市場の調整作用に限界が感ぜられるようになりました。こうした事態から、イギリスの経済学者のJ・M・ケインズ（John Maynard Keynes, 1883–1946）は自由放任の終わりを表明し、政府の政策の必要を説き、ケインズ革命とも称されました。彼の著作『雇用・利子および貨幣の一般理論』（通常は『一般理論』一九三六年）は画期的な経済学の著作でした。

彼は、低金利政策によって投資を刺戟し、積極的な政府の公共政策によって需要を喚起できると論じました。彼の理論は、日本（一九三〇年代の高橋財政）を含め、世界的な影響をもたらしました。ケインズ経済学は、第二次大戦後は、各国の公共政策、福祉政策において採用され、近代経済学の主流となりました。なおケインズは、経済学の道徳科学たることを重視し、経済や経営のモラルの存在の必要を強調しています。この点では、スミス以来の伝統に立脚しています。

注3　海外の研究者の「日本的経営論」について――。外国の社会科学者で日本を対象とした研究者のなかで、「日本の企業」「日本の経営」を考究した著作には傾聴に値するものがあります。ここでは日本研究の大家、R・ドーア（Ronald Dore、ロンドン大学）、そして長期にわたってこのテーマにとり組んだM・フルエン（Mark W. Fruin、カリフォルニア大学）の所論にふれておきます。

ドーアの重要な論点の一つは、日本の経営の組織と人事は、（日米の事業部制〈division〉に代表されるように）地位、職位権限と責任が曖昧であることが強調されており、この点は民間企業に共通していることが指摘されています。筆者の日本の経営における demarcation の意識が稀薄との知見と同一です。

フルエンは、著書“*Japanese Enterprise System*, 1995”のなかで、日本の会社の経営人事は弾力的（elastic）かつ企業内外にネットワークをもっているところに日本的経営（Japanese management）の特性があるとみており、クリティカルな情況や重要な意思決定の遂行に際し有効に働いていると論じています。また、電機、自動車などにみられるように、大会社の戦略は競争が激しいことも特徴とし、Competitive Strategies and Cooperative Structures をサブタイトルに掲げています。

第一部　『都鄙問答』を読む

現代と共通するビジネスの課題

第一部では、『都鄙問答《とひもんどう》』を読んでみることにします。二八〇年前といっても、市場経済の時代を迎えており、ビジネスの現実が現代とまったく違っていたというわけではありませんでした。梅岩が『都鄙問答』を著した京都は、皇居が所在する学問と文化の首都であり、伝統的な商工業ビジネスが発展していました。三井家（越後屋、呉服と両替〈金融〉）、大村家（白木屋、呉服）などの有力な商家は、すでに江戸で成功していましたが、本店は京都に置いていました。梅岩自身が経験した呉服（衣料）店は、代表的な経営の分野でした。

ここでの商業ビジネスと人間とのかかわりは、その場が「会社」でなく「家業」であったことを別とすれば、現在でも十分に理解、感得できるものです。おもな商品には日々に変動する相場すなわち市場が存在し、経営にとって営業活動がもとより生命でした。同時に仕入れも重要であり、下請けがひろく行われていました。取引先には現代の政府や地方公共団体にあたる幕府・諸藩がありましたし、入札もあれば長期の相対《あいたい》取引も慣行的に行われていました。両替店のような大小の金融機関もありましたし、手形取引のような信用制度も発達しつつありました。

経営の内部では、それほど多数でないにしても、奉公人つまり従業員が支配人や番頭のような管理職のもとで働いていました。ひと口でいえば、市場経済の時代が到来し、営利的なビジネスが、京都・大坂・江戸を基盤として進化的に発展していたのです。また、これら大都市周辺の町や農村の若者のなかに、都会での生活へのあこがれや、学問についても関心がたかまっていました。

『都鄙問答』は、のちに経営の「経典」として尊ばれたといえ、本来はこうした初期の経済社会のなかで、多忙な商業ビジネスマンのだれもが親しめるように書かれた書物です。ですから、これ以上の背景の知識についてはそれぞれ必要な箇所で解説することにして、内容に入ることにしましょう。

江戸時代の書物ですから、はじめのうちは、読者のなかには違和感を感ずる方があるかもしれません。しかし、少し読んでいき、周囲の状況がわかり始めれば、『都鄙問答』の提起している諸問題が、商、工業そして金融などビジネスにかかわる人々にとって、つねに共通な課題であることが理解されるでしょう。

なお、原文と現代語訳とを併記していますから、読者は訳文と解説だけを読みすすんでよいのですが、興味のある箇所については、原文にも目を通してほしいと思います。古典のもつ意味は、原文の味読《みどく》によってのみ得られる場合がすくなくないからです。

第一章　石田梅岩の思想の革新性

──書名、序文と背景

生き生きとした問答

最初に『都鄙問答《とひもんどう》』という書名を解説しておきましょう。『都鄙問答』とは、文字の上では、都市の人（当時では京都の人）と田舎の人の対話、という意味です。当時、京都がぬきんでた学問ないし文化の中心地であったことから、「学問のある人と学問の乏しい人との対話」というニュアンスがあります。事実、本書の内容は、石田梅岩が教師の立場にたって、市井《しせい》の人々の質問に答えるという形式をとっています。

こうした対話形式の書物は、この時代の人生論や思想や教育の書物の一つの一般的なタイプであり、これより先に、日本の陽明学の祖として知られた中江藤樹《なかえとうじゅ》の『翁問答《おきなもんどう》』（注1）という、声価の高い著述もありました。

石田梅岩の場合は、見台《けんだい》を前にした講釈《こうしゃく》という、今でいう講演的な方式で、商人はじめひろく大衆を相手に思想を説き、私塾的に教育を行っていたので、自説をとりまとめて世に問うに際しても、こうした問答形式を採用したのでした。だから『都鄙問答』という書名は、当時の人々にとって新しく、また親しみやすいイメージをもつものでした。

ただし対話形式といっても、無知な人々にたいする権威主義的な説教ではありませんし、難解な学問の解説でもありません。読者がすぐに気づかれるところですが、商業や商人の新しい時代において、むしろ俗世間と商業のようなビジネスの現実を知りつくした者の立場から、学問をてらうことなく、身近なものごとにたいする素朴な質問や疑問にたいし、丁寧に答えるという態度がつらぬかれています。そして、ごく日常的で卑近な話題から、より重要でより本質的な問題へと論議が高められるように、対話がすすめられています。ここに、たんなる書斎人の学問にはみられない、生きた思想が脈うっており、それが本書の大きな魅力をなしています。

さて問答は、第一の「都鄙問答の段」として、梅岩の故郷の田舎の人が、梅岩が京都で商人相手の講釈をしているとの評判を聞き、しかもそれが異端の説との風聞が立っていることに驚き、石田梅岩にこの点をじかに問いただす、というところから始まります。このように、序文からして学問的な文献や思想書とはおよそちがって、ごくありふれた世俗的な話題と、日常会話のスタイルですすめられます。

『性を知るは学問の綱領なり』

或《あ》る時故郷《こきやう》の者来《きた》りて曰《いは》く。頃日《このごろ》出京致し、親類ども方《かた》に罷《まか》り在《あ》り候《さふらふ》ところ、或る学者参《まひ》られ物語の上に、汝《なんじ》の噂出《うはさい》で申し候。夫《それ》につき尋ね度《た》き子細《しさい》有りて来れり。是《これ》まで在所《ざいしよ》にての噂には、小学《せうがく》などを講《かう》ぜられ、少々宛《づつ》は門人も聚《あつ》めらるると聞き、影ながら喜ばしく思ひ侍《はんべ》りし所、彼《か》の学者申されけるは、彼は異端の流れにて、儒者《じゆしや》にては無しと言へり。依《よ》つて其の異端と云《い》ふは、如何《いか》なる義ぞと問ひければ、異端と云ふは聖人の道にあらず。其の者が別に私意《しい》を以《もつ》て教《をしへ》を立て、世上《せじやう》の愚《をろか》なる者を誣《しひ》くらませて、性《せい》を知るの、心を知るのと、向上《かうじやう》の論議を為《な》し、人を惑《まどは》すことなり。性を知ると云ふは古《いにしへ》の聖人賢人のことにて、後世の人の及ぶべき所に非ずといへり。我此《われこれ》を聞くより思へば、人を惑すことは、山賊強盗を為すよりは、其の罪は甚しからん。余《あまり》に笑止《しやうし》に思はれ、此《かく》の如《ごと》くに云ふなり。汝故郷へ帰居《かへりい》らるる共《とも》、只口《ただくち》を養《やしな》ふ事は、心易《やす》きことなり。口一つ養はんとて、人を迷《まよは》すは哀《かな》しきことなり。如何《いかが》心得られ候や。

たまたま郷里の知人がやって来ていうことに、京都に行って親戚の家にたち寄ったところ、ある学者がやってきて、お前の噂話がでたという。そのことで尋ねたいことがあるので、ここに出かけてきた。これまで私の田舎で耳にしたところでは、お前は京都で「小学」（「論語」の入門書）などを講義し、少数ながらも門下生などが集まっているとのことで、よそながら喜んでいたが、かの学者の話では、従来とことなる異端の教説であって、お前は世間一般の学者ではないということだ。

そこで異端とはどういうことか、と聞いてみたところ、彼は孔孟のような聖人の教えを説き聞かせるのではなく、彼自身が勝手な意見をもとに教説をたてて、世間の学問のない人々をあざむいて、「性（究極の真理）」を知っているとか、「心（人間の本質）」を知っているとか、大それた議論をして人々を惑わしている、という。「性」を知るなどということは遠い昔の聖人賢人のことで、われわれのような後世の人々の論ずべきことではない、ということだ。

私はこの話を聞いて、「人を惑わすことの罪は、山賊や強盗の罪よりも大きい」ということを思い出した。お前があまりに世間の物笑いになるのも気の毒な気がして、こう忠告したい。お前が田舎に帰ってきても、生活するだけのことなら何もむずかしいことはない。生活をするために、人を惑わしているとすれば、まことに情けない。いったいお前は、このことをどのように考えているのか。

答ふ。厚き志《こころざし》過分《くわぶん》の至りなり。まず今日《こんにち》の教をなす志を語らん。孟子曰《のたまは》く。人の道あるや飽《あ》くまで食《くら》ひ、暖《あたた》かに衣《き》、逸居《いつきよ》して教へなきときは則《すなは》ち禽獣《きんじう》に近し、聖人これを憂ふることありて契《せつ》をして司徒《しと》たらしむ。教ゆるに人倫を以つてす。父子親《しん》あり、君臣義《ぎ》あり、夫婦別あり、長幼序《じよ》あり、朋友信《しん》あり、この五つのものをよくするを学問の功《こう》とす。これにて古人の学と云ふものを知るべし。論語学而《がくじ》の篇にも、大抵皆本《みなもと》を務《つと》むることを多くせり。人倫の大原《たいげん》は天に出でて仁義礼智の良心よりなす。孟子また曰く、学問の道他《た》なし、其の放心《ほうしん》を求むるのみ。この心を知りて後《のち》に聖人の行なひを見て法《ほう》を取るべし。……聖人は人倫の至りなり。かくの如き君子大徳《たいとく》の行跡《かうせき》を見、これを法として五倫の道を教へ、天の命ぜる職分《しよくぶん》を知らせ、力《つとめ》を行ふときは身修《をさま》りて家《いえ》

斉《ととの》ひ、国治《をさま》りて天下平《たいら》かなり。……性を知るは学問の綱領《かうれい》なり。我《われ》怪しきことを語るにあらず、……故《かるがゆへ》に心を知るを学問の初めといふ。然るを心性の沙汰《さた》を除き、ほかに至極《しごく》の学問あることを知らず、万事は皆心よりなす。心は身の主《あるじ》なり。主なき身とならば山野《さんや》に捨つる死人に同じ。その主を知らする教へなるを、異端といふは如何なることぞや。

お答えします。私について御配慮いただきまことに光栄です。それではまず、現在説教をしている私の決意から説明いたしましょう。

かの孟子はこうおっしゃっています。「人が道を求めるときに、飽きるほど食べ、暖かい衣服を着、そして呑気《のんき》にくらして、君子の教えを心に思わないというのでは動物に近い。聖人はいつも世を憂うるところがあり、誓って人々の使徒になろうとし、人倫を教えるものである。人倫すなわちわれわれ人間の道とは、親子の間の『孝』、君臣の間の『義』、夫婦の間の『別』、長幼の間の『序』、友人の間の『信』である。この人間の五つの道（五倫といわれる）を明らかにすることこそ、いわば学問の成果である」と。

これで昔の人の学問というものにたいする態度がわかります。論語の「学而篇」でも「万事ものごとの根本について考え努力することこそ優れたことである」とし、「人倫の本質は天の定めにしたがうものであり、人間の仁・義・礼・智の良心からおのずとかたちづくられるものである」としています。また孟子は、「学問の道といっても特に格別なものがあるわけではない。とらわれない心を求めるだけである」と。

要するに人間は、この「心」を知り、聖人の行いを学び、道にかなった人生を歩むべきでありましょう。……聖人とは、われわれ人間の究極的な人格にほかなりません。ですから君子や大徳の人の足跡を学び、これをしるべとして人間の道を教え、だれも天の命ずる職分があることを人に知らせ、自らもつとめてゆけば、身がととのい、家の秩序がたもたれ、結局は国家がおさまり、社会が平和となる道理です。

「性」つまり、人間にとって究極的な真理を知ることは学問のもっとも重要な使命です。私は別に奇妙なことを説教しているわけでも何でもありません。……考えてみるに、「心」つまり人間の本質を知ることこそ、学問の第一歩といえます。それに反し、これらの真理の探究をさしおいて、ほかに究極的な学問があるなどとは、古今東西で聞いたことがありません。「心」こそ人間の主体、本質でしょう。そうした「心」のない、身体ばかりの人間になったとしたら、山野に捨てられた死人同様でしょう。とすれば、生きた人間の主体たる「心」のはたらきを知らせようとする私の教えなのに、それを異端というのは、どういうことなのでしょうか。

最初に石田梅岩は、自分の教える学問は、孔子、孟子ら中国の聖人の古典を学ぶことによって、普遍的な真実たる「性」を理解し、われわれ人間の本来の「心」を知るということ、と述べています。要するに、正統的な儒教・儒学の教えにのっとり、五常五倫を徳とするものであり、何ら異端ではないことが強調されています。このように、異説でないと論じられているものの、しか

し『都鄙問答』の特徴は、市場経済の到来という、当時の儒学が予想しなかった現実にそくして、新しい解釈や梅岩自身の立論が以下で次々に展開されていくことになります。

官学とは異なる思想

少し、時代の思想的な背景にふれておくと（詳しくは第二部）、石田梅岩が世に現れるのは、江戸幕府が開かれて八〇年近くがすぎた頃で、日本には一大平和の時代がおとずれました。それとともに、学問特に中国を母国とする儒教の教育と研究が発達し、なかでも徳川幕府が支援した朱子学派が、いわば官学として興隆しました。

朱子学派というのは、宋学ともいわれ、中国の南宋の時代（一二世紀）に朱熹《しゅき》によって試みられた孔子、孟子の解釈で、これら古典をたんに古代の聖人の道徳の教えにとどまらず、宇宙まで論理づけた思想体系です。そのきちんとした論理性が好まれて、その後中国の明朝と清朝、あるいは韓国の李朝でも尊重され、正統的な学派となりました。われわれ漢字文化圏の近世の儒教とは、この理論化された朱子学といってもよいほどです。

朱子学は、江戸幕府では徳川家康以来歴代の将軍によって官学に採用され、学問所《がくもんじょ》の林羅山《はやしらざん》はじめ代々の林家の学者が大学頭《だいがくのかみ》となって、幕府の統治および行政のよって立つ基礎理論としました。また諸大名も社会の倫理・道徳の根拠としてその教化や普及につとめましたし、さらに梅岩の頃までは在野の学者によっても、ひろく信奉されました。

朱子学派は、主従・君臣の区別、一君万民の原則を普遍的な人倫として強調し、秩序を何よりも重視しました。ですから、治世の学問として役にたち、また長い戦乱の時代の苦難を経験した江戸時代初期の人々には、平和を保障する思想として迎えられたといえます。しかし、徳川幕府が極端に変化をきらい、支配の正統性と秩序の遵守を強調するあまり、朱子学儒教は、幕府大名や上級武士など支配階級のための、形式的で、かたくなな、道徳主義的な思想にかたよりがちでした。このため、時代とともに成長する市場経済や民衆一般の、より人間的な精神的欲求に応じられないものとなりつつありました。前述した陽明学は、こうした朱子学派の批判をもつものでした。

ところで、泰平の時代の到来とともに、武士の参勤交代制度や各地の産業活動と結びついて発展した貨幣・商品流通は、海陸の輸送や交通・通信の発展をともないつつ、石田梅岩が少年・青年期であった元禄時代（一六八八〜一七〇四）には、江戸・京都・大坂の三大都市から全国各地の城下町・港町、そして農村までおよびました。商業ビジネスは、大小さまざまな革新的活動を各地で展開しながら全国的に発展し、商工業者は、新しい、しかも有力な階級としてひろく形成されるようになりました。そうなると、当時の官学のように、「義」と「利」とを対立させ、武士は「義のため」、商人は「利のため」の存在であるとし、商業や商人を不道徳なものとして、どこまでも賤《いや》しむ思考は、時代と社会の現実にそくさなくなっていました。

だから石田梅岩は、市場経済の到来という観点からみると、農工商という平民のための学者、ビジネスのための思想的リーダーとしてたち現れたといえます。同時に、梅岩の説く商人道や経営の哲学が、しばしば異端視されたことも当然のこととして理解できます。げんに、官学を向こうにまわしての、石田梅岩のユニークな思想・学問や道徳の教育活動は、いかにささやかなものから発足したとはいえ、異端視されたばかりでなく、幕府当局から危険思想とみられるおそれも十分にありました。

こうした事情ですから、彼の講釈や出版活動は、非常に勇気を要することでした。この点は、石田梅岩の研究者によってしばしば指摘されてきましたが、事実その通りであったでしょう。

注1　『翁問答』は、徳川幕府の官学たる朱子学が保守化し、世の中が形式主義的になっていることを批判し、人々の現実の行動と主体性に注目したもので、石田梅岩との共通性がみられます。

第二章　商人に学問は必要か

―ビジネスと教育

最初の問答のテーマは、商人と学問という問題です。商人やビジネス経営にとっては実地の経験と訓練がすべてであって、学問教育は必要がない、むしろ有害ではないか、という率直な疑問は、古くて新しい、しかも切実な問題です。『都鄙問答』は、「巻之一」において、「播州《ばんしゅう》の人学問の事を問《とふ》の段」として、直截《ちょくさい》に、このテーマをとり上げます。

この対話から、播州（兵庫県）すなわち京都・大坂からそれほど遠くない村々で、元禄時代の商業の興隆をへたこの時期に、生活水準の向上にともなって、農家や商家の子弟たちのなかに向学心をもった者が出てきたことがよくわかります。また、生活に余裕が生じた人々の間で、子供たちを京都に出して、学問教育をうけさせようという風潮が生じたことをうかがい知ることができます。

教育・進学についての親の心配から対話が始まることに、時代をこえた『都鄙問答』の有用性の一端が感じられましょう。

なお、当時、学問といえば武士以上の階級の教養であって、一般には漢学（儒教・儒学）の古典たる四書（孔子の「論語」、孟子の「孟子」、「大学」、「中庸」）などの学習を内容とするものでした。日本における国学や洋学（蘭学）の勃興と発展は、次の時代をまたねばなりませんでした。ちなみに、営利的ビジネスと教育・学問については、『都鄙問答』の最初から最後まで一貫したテーマかつ主張になっているので、この点も念頭に置く必要があります。

『学問・教育は人倫を明らかにするのみ』

或る時播州の者《ひと》上京致され、宿の主《あるじ》同道《どうだう》にて来《きた》り物語して曰《いは》く、某《それがし》こと悴《せがれ》一人持ち候ところに、学問を望み何とぞ少しの間京都へ罷《まか》り出で、せめては小学や大学の講釈なりとも承《うけたまは》り度《た》きよし度々《たびたび》願ひ候。汝にたいして物語を致すこと、少し遠慮に候へども、物語を致すべし。姫路近辺にも内福《ないふく》にて田地《でんち》高《たか》も多く持《もち》たる者などは、学問をも致させ候処《ところ》に、後に至つて難義《なんぎ》のすぢも出来《いでき》申すよしを承る。一人の悴のぞみ申す事と云ひ、又少しは目も明けてとらせ度く候へども、人柄《ひとがら》あしく成るべきやと心元《こころもと》なく存じ、得登《えのぼ》せ申さず候。

あるとき播磨（兵庫県）の人が京都にまいり、宿屋の主人と一緒に私のところにやってきていうには、自分には息子が一人いるが、本人が学問を身につけたいと考え、少しの期間でも京都にでて「小学」や「大学」などの講義をうけたいと度々乞うてきている、という。こんな話を貴方にすることはどうかと思うが、あえてお話がしたい。

姫路の近辺で裕福で、農地を多く持つ人は、最近になると息子たちに教育をうけさせるようになったが、後になって困ったことがおきている、とのことだ。私の場合一人息子の希望であり、また親として子供に少しは見識をひろめさせたいとも思うが、学問をして人間が悪くなるのではないかとの心配があり、思いきって京都に行かせることはしてはいない。このことをどう考えたらよいものか。

答《こた》ふ。学問に因《よ》つて難義《なんぎ》ありとは如何なる事ぞや。

お答えします。学問をすることによって困ることがあるとおっしゃいますが、それはいったいどういうことですか。具体的に話してください。

曰《いは》く。学問をさせ候者ども、十人が七八人も商売農業を疎略にし、且帯刀《かつたいとう》を望み、我《われ》をたかぶり、他の人を見下《みくだ》し、親にも面前《めんぜん》の不孝はいたさねども、事によりて親をも文盲に思ふやうなる顔《がん》色《しよく》見ゆ。然れども他人の聞悪《ききにく》き様に、反《かへ》り返答せぬことは学問の徳かと思へども、親には黙然《もくねん》とだまり居《い》る者ぞと云ふやうなる顔つき見へ、又少しにても学問致したる者なれば、親達も遠慮せらるる体《てい》に相見へ申し候。夫《それ》ゆえ手前の忰も若《も》し左様《さやう》に成《な》り候へば、迷惑に存じ得《え》登せ申さず候。如何《いかが》いたし然《しか》るべく候や。

つまりこういうことだ。学問をさせた人々をみると、一〇人のうち七、八人までが家業の商売や農業をおろそかにして、武士身分になることを望むようになる。気ぐらいも高くなって他人を軽蔑し、目の前では特に親不孝をしないまでも、事によって親を無学な人間と見下す顔つきがみえる。

もっとも、他人が聞きにくいようなくち答えの返事をしないことでは、学問の徳があるようにも思われるが、親にたいしてはじっと黙っているのがよいという顔つきがみえるし、また親の側でも教育ある息子だからと遠慮する様子がみうけられる。だから自分の息子もそうなっては困ることになると思い、京都に行かせかねている。どうしたらよいものだろうか。

答ふ。汝の物語を聞くに、其の学びし人は悉《ことごと》く人倫《じんりん》に違《たが》へり。教の道は人倫を明らかにするのみ。師《し》たる者、仮令《たとひ》敵《かたき》に教ゆればとて、聖人の道に背きて教ゆべきや。学問の道は、第一に身を敬《つつし》み、義を以て君を貴《たつと》び、仁愛を以て父母に事《つかふまつ》り、信《まこと》を以て友に交《まじは》り、広く人を愛し、貧窮の人を愍《あはれ》み、功《こう》あれども伐《ほこ》らず、衣類諸道具等《とう》に至るまで、約《やく》を守りて美麗《びれい》をなさず、家業に疎《うとか》らず、財宝は入《いり》を量《はか》りて出《いだ》すことを知り、法を守りて家を治む。学問の道有増《あらまし》かくの如し。

お答えしましょう。只今のお話を聞くと、その学問をした人たちはみな人倫の教えに反しています。教育とは要するに、人間の道を明らかにすることにほかなりません。たとえ相手が仇《かたき》であっても、人倫に反したことを教えることなどすべきでありません。

さて学問の道は、何よりも行動をつつしみ、目上の人には敬意をはらって誠意をつくし、両親には仁愛の情をもってつかえる。友人には信義をもって交際し、他人を差別することなく愛し、貧乏な人には同情心をもち、自分に功績があっても誇ることなく、衣服や身の廻りの品については倹約を重んじて華美をつつしみ、家業をおろそかにしない。経営については、収入の計算をして支出の限度を知り、物事の秩序を守って家を治める。学問の道の概要は、こうしたものです。

学問こそ経営者への途

この問答を読むと、だれしも思いあたることがあるのではないでしょうか。高校進学が普通となり、大学進学率が六〇%近い最近でこそ、大学教育は多くの家庭にとって当たり前のことになりましたが、戦前はいうにおよばずつい三、四〇年くらい前までは、農家はもちろん商家にとっても、子供たちの進学の是非は大きな問題でした。商工業のビジネスを家業とし、これを将来継ぐ息子たちにとって、専門学校のような実用教育はともかく、それ以上の高等教育は無用なことであり、むしろ田舎で家業を継いでゆく妨げになるのではないか、という考え方は、私たちの身近な周辺にもかなりありました。

その理由として、大学にまで進学すると、どうしても虚栄心や気位が高く、かつ理屈っぽくなり、生活が贅沢になる半面で、家業の経営にたいし勤労と倹約の精神が失われる、といわれました。こうした指摘は、古今東西を通じ人間の真実のある一面をいい当てています。

石田梅岩によれば、学問が不要という考えが間違いで、商業ビジネスであれ何であれ、学問こそ、人々をそれぞれの道にしたがって職業活動に導き、人間関係を尊重させ、ひいては人格の向上へと精進させるものであり、すぐれた経営者への途である、と説いています。

原文の掲載を省略しましたが、これに続く問答のなかで、梅岩は、こうした間違いには師の方にも責任がある、と言っています。すなわち教える側の学者の方も「我が身に禄《ろく》（地位と収入）の望みある故……己《おのれ》が文学に伐《ほこ》り（誇り）、他人を慢《あなど》る」という傾向があると述べています。当時の私塾のなかには、学問のあることを鼻にかけ、世に迎えられないことに不満をもつ、高慢な態度の儒者（儒学者）が非常に多かったようです。そうした学者にたいし梅岩は、儒者（彼によれば、この用語の語源は、濡《じゅ》、すなわち満ち足りた者という意味だといいます）の名に値しないと批判し、かの聖人の孔子は、諸国に仕官を求めたがどこでも厚遇されず、ある時は「委吏」（穀物の出納担当の下級官吏）となったが、不平不満なく勤務し、したがって業務が公平、正確であった、という古事をひいています。

『正直にも学問が必要かつ有用』

商人に学問や教育が必要という説はその後もくり返されますが、梅岩の『都鄙問答』ではそれが商人道・経営倫理の第一義たる正直の徳と結びつけられているところが見逃せないところです。

たんに正直（honesty）といえば、古今東西を通じてビジネスマンにとって当たり前の道徳でしょう。正直でなければ、そもそも取引や契約が継続しないか、ときによっては成り立たないからです。ところで『都鄙問答』の後半（巻之二）の「或《ある》学者商人の学問を譏《そし》るの段」においては、学問こそが新しく抬頭した商人たちにとって不可欠であり、さらには有用である、とさえ論じているからです。

賢《かし》こそうにみえて話し上手でも学問・教養が身についていないと、有能な商人ではないと、次のように具体的に論じています。石田梅岩の所論の特徴がよくみえるおもしろい箇所といえましょう。

世の人賢《かしこ》きやうなれども実の道を学ばざる故に我過《あやまち》の益《ます》ことを知らず、ここを能味《よくあじは》ひ見ば、真実なくては叶《かな》はざることを知るべし。多葉粉《たばこ》入一つ、幾世留《きせる》一本買とても、善悪はみゆる物なるに、色々と云ひまわすは宜《よろし》からざる者なり。有りべかゝりに言ことは善《よき》者なり。我より人の実不実を見る如く、他よりも又、我実不実を見ること知らず。伝《でん》曰く人の己《おのれ》を視《み》ること其の肺肝《はいかん》を見るが如しと。此の理を知れば辞《ことば》を飾《かざら》ずありうべかゝりに云ゆえに、正直ものなりと。何事も任せ頼《たのま》るゝゆえに、世話なしに人一倍も売るものなり。商人は正直に思はれ打解《うちとけ》たるは互に善《よき》者と知るべし、此味《あじはひ》は学問の力なくては知れざる所なり。然るを商人は学問はいらぬものと云て嫌ひ、用《もちひ》ざることは如何なることぞや。

お答えします。世間の人々はだれもが賢そうにみえますが、現実には（学問がないと）、（しゃべっているうちに）自分の誤りがどんどん増幅することに気がつきません。このところを十分に知っていれば、商売においても誠実がなければならないことがわかります。煙草《たばこ》の一箱でも、煙管《きせる》の一本でも、（売る）人間の善悪がわかるものですから、商品について色々と言いまわすのは、良くないことです。自分の方で相手が誠実か否かがわかるように、相手からも当方《こちら》の誠実の程度はわかるものです。伝（四書の一つ「大学」）の言葉によれば、相手が自分をみる眼は、自分の内臓をみるほど（厳しい）と。この道理を知っていれば、言葉をかざる必要がなく、誠実な相手とわかれば、（相手から）色々な物事について依頼をうけることになり、だれにもまして売上高が増大するものです。商人というものは、自分が正直な人間と思われて、うちとけた関係になるときに、相互に善人となるものです。ところでこうした深い人間関係については、学問がなければ理解できません。それなのに、商人にとって学問は必要がないといってこれを嫌い、学問を身につけようとしないのは、いったいどういうことなのでしょう。

江戸時代に一貫して教育が普及し、幕末の文盲率《リテラシー》（読み書きの能力の持ち主）がイギリスに劣らなかったことは、すでに確認されていますが、初期の一七世紀末までは教育や学問は、支配階級たる大名と武士、それに僧侶・医者などの職業人のものと考えられていました。当時の学問といえば、読み書き算術のリテラシーに加えて、中国の古典（儒学と日本の解釈学）で、石田梅岩が提唱する学問もそれであったわけですが、『都鄙問答』はそうした学問の会得が、商業ビジネスの活動・経営にも有用であり、その効用が積極的に説かれていることが類書にない主張であったわけです。

先の引用文をみると、学問の素養がないと、巧妙な商人でも、取り扱い商品について飾《かざ》って（粉飾して）説明しがちで、真実の価値を伝えることができない、それに反して学問や教養ある商人は、正直・誠実に商品の長所や特徴、そして価格を説明できる、というわけです。そればかりではなく、このようにして相手の信頼をかちとれば、今度は当方が知らない相手の周辺の人々からの新規の注文をうることもできることにもなる。正直・誠実な人間で学問を身につければ、その効用は頗《すこぶ》る大きいという、非常に新しい商人の経営の主張といえます。

人間の直接関係とコミュニケーションが重要な日本においては、正直・誠実の効用は、江戸時代にとどまらず近現代に及んでいる、といえることでしょう。

近代資本主義の精神と梅岩の思想

ビジネスと教育、ビジネスマンの道徳、というテーマは、同時代のアダム・スミスらイギリスの経済学者が大いに論じたところですが、読者に思い起こされるのは、アメリカのベンジャミン・フランクリン（一七〇六〜一七九〇）が『貧しきリチャードの暦』という著書で説いた〝富にいたる途《みち》〟(『フランクリン自伝』に所収。岩波文庫)の説です。フランクリンは、凧を使った電気の実験であまりに有名ですが、同時に科学的な合理主義とモラルを重んじた経営によって、印刷業や新聞などさまざまなビジネスで成功し、後半生は、政治家・外交官として活躍しました。『リチャードの暦』は、『都鄙問答』の出版のおよそ五〇年後にいまだ植民地時代であったアメリカで発行され、聖書につぐベストセラーといわれるほどヒットしました。その後、江戸時代における石田梅岩の著述と同様に、彼の著書は一九世紀を通じてビジネスマンの必携の書として、アメリカばかりでなくヨーロッパでも親しまれ、「時は金なり」「富に至る途は徳に至る途」は、欧米諸国でひろくビジネスマンの金言となりました。

フランクリンが説いた〝富にいたる途〟は、物質主義や快楽(享楽)主義とは対照的な、禁欲的な生活態度と実用的な合理主義の精神でした。それは、すでに聖書のなかに説かれている、正直・勤勉と勇気はじめ自制・節約・正義・平静・謙虚などキリスト教の諸徳目の実践にほかならず、彼自身の経済的そして社会的な成功は、寸暇を惜しんで積極的に働き、これらの徳目を毎日一つずつ自分に課した、日常生活の成果だというのです。二〇世紀初期の傑出した社会科学者のマックス・ウェーバーは、フランクリンに体現されるような、徹底した合理主義的で禁欲的な生活態度と経営に、プロテスタント(ピューリタンに代表される新教徒)の職業倫理《エートス》を見出し、それこそ西洋に興隆した近代資本主義の精神にほかならない、と論じました。

このフランクリンの教説と、梅岩の『都鄙問答』にみえる、知識を誇らず奢侈《しゃし》をつつしみ、忠孝・正直・倹約・勤勉・謙虚などの徳目の尊重と、家業への精励のすすめには、本質的な接点があります。またビジネスの社会的地位の向上をめざしたことにおいて―近代の初期にはヨーロッパ諸国でもビジネスの価値、ビジネスマンの地位は、いまだ決して高いものではありませんでした―、両者の努力には非常に共通するものがありました。

類似性や共通性の半面において、違いも重要です。おなじ職業倫理的な態度といっても、重視される徳目、欧米のプロテスタント的倫理と日本の心学的な「心」の間には重要な相違があり、経営のありようにも反映されます。この点を比較し、検討することによって、日本の商人道さらに経営の道（日本の経営学）が、よりはっきりするわけで、本書でも、のちに（特に第一部第七章）改めてたちいって説明することにしましょう。

いずれにせよ、フランクリンの著述が、世界的にも評価の高い自叙伝『フランクリン自伝』を含めて、アメリカでのビジネスマンの社会的地位と彼らのプライドの確立に大きな貢献をしたと同様に、石田梅岩の著作と心学運動とが、江戸時代の商人の自尊心の獲得と、「町人」の地位の向上に役に立ったことは特筆さるべきことでした。

第三章　市場経済と営利心

──営利欲とモラル

次の論題は、営利的なビジネス、つまり社会経済と企業経営にとってもっとも肝心な、「営利」ないし「営利欲」と、「道」すなわち倫理、人間のモラルとの関係です。このビジネスの根本問題は、「或学者商人の学問を譏《そし》るの段」（巻之二）のなかで説明されます。

商人はもともと営利欲にもとづいて生活を営んでいるのではないか、それなのに禁欲や無欲を説くのは矛盾しているのではないか、という率直な質問から問答は始まります。

こうしたまことに端的な対話・討論こそ、石田梅岩の『都鄙問答』の真骨頂なのです。原文をも味わいつつ、読みすすむことにしましょう。

『売利を得るは商人の道なり』

曰く。扨商人《さてあきびと》は貪欲《どんよく》多く、毎々《つねづね》に貪《むさぼ》ることを所作《しよさ》となす。夫《それ》に無欲の教をなすは、猫に鰹《かつを》の番をさするに同じ。彼《かれ》に学問を進むるは、前後つまらぬことなり。其の済《す》まぬことを合点《がてん》して教ゆる汝は曲者《くせもの》にあらずや。

お尋ねしたい。いったい商人は貪欲《どんよく》であって、いつも利益をむさぼることを自分の生業《なりわい》としている。そうした人々に無欲であれと教えることは、猫に鰹節《かつおぶし》の番をさせるとおなじことだ。彼らに禁欲的な学問を奨めることは、それ自体が矛盾しており、無理というものである。その無理を承知の上で、説教しようというお前は人々を惑わす、まことにけしからん者ではないか。

答ふ。商人の道を知らざる者は、貪ることを勉《つと》めて家を亡《ほろぼ》す。商人の道を知れば、欲心を離れ、仁心《じんしん》を以つて勉《つと》め、道に合《かな》ふて栄ゆるを学問の徳とす。

そうではありません。商人で道を知らない人こそが、むさぼることにのみ懸命で、結局は家をつぶしてしまうのです。学んで商人の道を知れば、しぜんに貪欲の心が離れてゆき、「仁」の心で仕事にはげむようになり、家業は道にそくして栄えるものなのです。これこそ学問の徳というものです。

曰く、然らば売物《うりもの》に利を取らず、元金《もとがね》に売り渡すことを教ゆるや。習ふ者外《ひとほか》には利を取らぬことを学び、内証《ないしやう》にては利を取れば実《まこと》の教にあらずして、反《かへ》つて詐《いつは》りを教ゆると云者《いふもの》なり。如何《いかん》となれば、元来《がんらい》ならぬことを強《し》いるによりて、加様《かやう》に前後合はざることあり。商人利欲なくしてすむことは、終《つい》に聞かざることなり。

それでは尋ねるが、商品の販売にさいして利益を得ないで、仕入価格のままで販売すること

を教えるのか（それはおかしい）。学問を修める者が、外に向かっては利益をとらないことを学び、実はこっそりと利益を得るというのでは、真実の教えではなく、間違ったことを教えるというものだ。本来できないことを強いるのだからで、つじつまが合わないことになる。いったい商人に営利欲がなくてすむとは、これまで聞いたことがない。

答ふ。詐《いつは》りにあらず。詐りにあらざる子細《しさい》を告《つ》ぐべし。是《ここ》に君に仕《つかへ》る者あらん。奉禄を受けずして仕る者有《あ》るべきや。

お答えしましょう。間違ったことではありません。その理由を申しましょう。ここに君主に仕える人があるとしましょう。この場合、俸給を受けないで勤務する人がありましょうか。

曰く。それは無き筈《はづ》のことなり。孔子孟子といへども禄《ろく》を受けざるは、礼に非ずとの玉《たま》ふ。如何《いかに》ぞ有《あ》るべき。是《これ》は受くる道に因《より》て受くるなり。受くる道にて受くるを欲心とはいはず。

そういうことはありえないことだ。孔子や孟子のような聖人でも、主君に仕えて俸給を受けないことは礼に反すると、おっしゃっている。どうしてそのように正当化されているでしょうか。この場合受けるのが道理であるから受け取るのであって、営利の欲心とはいわない。

答ふ。売利《ばいり》を得るは商人《あきびと》の道なり。元銀《もとがね》に売るを道といふことを聞かず。売利を欲と云ひて道に

あらずといはば、先づ孔子の子貢《しこう》を何とて御弟子《おでし》にはなされ候や。子貢は孔子の道を以て売買の上に用ひられたり。子貢も売買の利無くは富めること有るべからず。商人の買利は士の禄に同じ。買利なくは士の禄無くして事《つかふ》るが如し。

取引の利益を得ることは商人の道です。仕入れた価格でそのまま売ることを道とは聞いたことがありません。売買のさいの利益を「欲」のせいであって「道」でないというなら、孔子はどうして（ビジネスに長じていた）子貢《しこう》を弟子になされたのでしょうか。子貢は、孔子の説く道をもって、彼の事業の経営の上に活用したのです。子貢も、売買の利益がなければ、あのように裕福になることはできなかったはずです。商人の利潤は、武士の俸給と同じものです。商人が利潤がないことは、武士が俸給なしに奉公するようなもので、それこそ理屈にあわないことです。

梅岩のユニークな「利潤＝俸給説」

問答を吟味してみましょう。商人に無欲を求めることは、猫に鰹節の番をさせるようなものではないかとの質問です。このユーモラスな比喩にたいし、それこそ商人道の必要なゆえんであって、営利欲、特に限度のない貪欲こそ、家業を倒産させる原因だ、という簡明な返答が印象的です。

それでは商人は、製造原価もしくは仕入価格で、商品を販売するのか。となると事業が成り立たないから、営利を求めないというのは外部にたいする建前であって、実際には内証で利をとっているのであり、要するに嘘をいっていることになるのではないか、という反論が投げかけられます。これにたいする答えが、商業の利潤の源泉ないし根拠についての梅岩の所説で、有名な箇所です。ここで彼は、江戸時代の武士ないし支配階級の所得が、租税たる年貢《ねんぐ》にもとづく俸給であり、それが武士の物資欲と直接かかわりないことと同様に、リスクを負担する商人が売買から得る利潤は、生活と家業の維持のための「俸給」であると論じ、適正な利益は、後述するように、いわば付加価値であって、営利欲の成果ではないと主張しています。

武士の扶持《ふち》の俸給説は、商人の収入俸給説とともに、梅岩の非常にユニークな立論です。先の文章だけでは十分でないので、以下を補足します。俸給説に続けて梅岩は、市場経済のもとでの商人階級の職能が明確にされており、農工商が「産業」として価値を創造するというもので、大いに傾聴に値します。

士農工商は天下を治《おさめ》る相《たすけ》となる。四民かけて助け無かるべし。四民を治め玉ふは君の職なり。君を相《たすく》るは四民の職分なり。士は元来《もとより》位ある臣なり。農人は草莽《さうばう》(ママ)の臣なり。商工は市井の臣なり。臣として君を相《たすく》るは臣の道なり。商人の売買するは天下の相なり。細工人に作料を給るは工の禄なり。農人に作間《さくあひ》を下さるゝことは是も士と同じ。天下萬民産業なくして何を以て立つべきや。

商人の売利も天下御免《をんゆる》しの禄なり。夫を汝独《ひとり》売買の利ばかりを欲心にて道なしと云ひ、商人を悪《にく》んで断絶せんとす。何以て商人計《あきびとばか》りを賤《いやし》め嫌ふことぞや。汝今にても売買の利渡さずと云て利を引て渡さば、天下の法破《ほふやぶ》りとなるべし。上より御用申付らるゝにも利を下さるゝなり。然《しから》ば商人の利を御免《をんゆる》し有る禄《ろく》の如し。然れども田地の作得《さくとく》と、細工人の作料《さくりよう》と、商人の利とは、士《さむらひ》の如く定めて幾《なん》百石幾拾石とは云ふべからず。日本唐土《とうど》にても売買に利を得ることは定りなり。定りの利を得て職分を勉《つとむ》れば自《をのづか》ら天下の用をなす。商人の利を受ずしては家業勉《つとま》らず。吾禄は売買の利のゆへに買人あれば受るなり。よぶに従《したがつ》て往くは、役目に応て往くが如し欲心にあらず。士の道も君より禄を受《うけ》ずしては勉らず。君より禄を受るを欲心と云て道にあらずと云はゞ、孔子孟子を始として、天下に道を知る人あるべからず。然るを士農工にはづれて、商人の禄を受るを欲心と云ひ、道を知るに及ばざる者と云は如何なることぞや。我教ゆる所は商人に商人の道のあることを教ゆるなり。全《まったく》農工のことを教ゆるにあらず。

士農工商の四者は、それらの存在によって天下が平和に統治されているところです。これら四者のどれが欠けても天下（社会）は存立できません。士農工商の社会を統治するのが、幕府諸藩の主君の職業です。そうした君主を助け、支えるのが士農工商四つの職業人です。武士はもともと身分を持つ家臣です。それにたいし農民は農地で生活する家臣であり、商人と職人は町で生活する家臣です。どちらも君主を助ける家臣たる存在なのです。市場経済において商工業者が商品を売買するのは、これも天下社会における働きなのです。職人には製作の費用が支給されますが、それは家臣とて同じことです。農民には耕作の給付が支払われますが、これは武士の家禄と同じものです。

こうしてみると、農工商の万民の産業（物を産《う》む）の働きがなければ、どうして社会が成り立ちましょう。商人の売買の利益にしても今や世間公認の俸給です。それにたいし、貴方《あなた》のように、商人の利益ばかりを営利という欲望の成果として、道にかなわないと言い、商人の存在を嫌って絶滅しようと思っている。どうして商人ばかりを賤《いや》しみ、嫌うのでしょうか。かりに今、利益の部分を差引いて商品を取引したとしたら社会全体の存立を破壊することとなるでしょう。幕府諸藩の商人に対する用命についても、利益の分は支給されています。とすれば、今や商人の利益は公認されているのであって、武士の俸給と同様といえましょう。

もっとも、農民の農地耕作の手間賃と職人の手間賃と、商人の利益とは、武士の俸禄とちがって、何百石とか何石とかいうように定額ではありません。（とはいえ）、日本でも中国など外国でも、商人が売買取引で利益を得ることは定められているとのことです。一定の利益を得て、商人が商業という職業に励まば、自然に天下社会において必要な職能を果しているわけです。商人が利益を得なければ、家業がつとまりません。商人の俸禄は、売買取引の利益であるからして、商品を買入れると、自分が消費するのではなく他へ売却するのです。このように取引が行われていけば、商業も社会的な役割に応じて行動が行われているわけであって、営利欲に駆られた行動ではありません。武士の道においても、各自が石高に応じた収入を得なければ、勤務をまっとうできません。家禄を受けるのは欲望のせいであって武士の道に反するといえば、孔子孟子はじめ世界中に道を知る人がありえないことになります。

このような根拠があるので、士農工とちがって商人の禄（収益）を、営利欲のせいと称し、人間のモラルが及ばない人々、というのは何故でしょうか。私が教えているのは、商人の人たちにたいして商人道のあることを教えているのです。私は士農工のことを教えているのではありません。

士農工商は平等であって、本来職業上の区別でしかない、というのが主たる論旨です。だが、次の商業の利潤の「商人俸給説」は、石田梅岩による独創的な主張で、その後、可否が議論されましたが、商人階級の興隆・市場経済の発展によって石田梅岩がはじめて論じた日本の「経済学」といえる内容を十分に含んでいます。正統的な官学は、これを承服せず、むしろ相手にしない態度をとったようです。しかし後継者や心学の人々からは歓迎されたことは明らかです。ただし武士の俸禄を議すること自体タブーに等しい時代でしたから、後世の石門学者たちは表だった議論は、これをひかえたとおもわれます。

経済という言葉は、当時使われておらず、一八世紀末から次の世代の学者、思想家によって、「経世済民《けいせいさいみん》」の略語として使われるようになりますが、もっぱら為政者側に立った政策論の立場からです。だが『都鄙問答』においては、むしろ客観的に考察されるいわば価値論（市場価格と異なる）をなしています。つまり農商工の三者の働き（農民は農村〈村方《むらかた》〉、商工は都市や町〈町方《まちかた》〉）の勤労によって創出された価値の全体が、結果的には士農工商の全体に配分され、それぞれの階級の所得（俸給）をなしているというのですから、当時の経済学の主題たる価値論、それもヨーロッパの労働価値説に共通しているというべきところです。（興味のある方は、序説をご覧ください。）

第四章 「天なす所」と「見えざる神の手」

——利潤の源泉と利潤率

商業ビジネスの公正にして妥当な利潤は、社会的に承認されるとして、それでは、現実に商取引のどこから利潤が生じうるのか、また公正・妥当な利潤率とは、どの程度に求むべきものか、が次に検討されねばなりません。こうした現代のビジネスにも通ずる、時代と場所をこえたきわめて有用な対話がひきつづいて展開されます。もちろん、この問答は、経済学的にも経営学的にみても興味あるところです。

『商人皆農工とならば、万民の難義とならん』

曰く。然《しか》らば天下一等《いっとう》に元銀《もとがね》は是《これ》ほど利は是程《これほど》と極《きわ》めあらば然るべし。それに偽《いつは》りを云ひ負《ま》けて売るはいかなることぞ。

それでは尋ねたい。この世の中でひとしくこれだけの資金（資本）ならば利潤はこれだけという客観的な基準があれば、商人の道はその通りに成立するといえよう。それなのに、売値には嘘をいっており、そのためにこそしばしば値引きして売るのが現実ではないか。これをどう説明するのか。

答ふ。売物は時の相場《さうば》により、百目《め》に買《か》いたる物九十目ならでは売れざることあり。是にては元《もと》銀《がね》に損あり。因《よ》つて百目の物百二三拾目にも売ることもあり。相場の高《あが》る時は強気になり、下る時は弱気になる。是《これ》は天のなす所商人の私《わたくし》にあらず。天下の御《お》定《さだめ》の物の外《ほか》は時々にくるひあり。狂ひあるは常なり。今朝《けさ》まで金一両に一石売りし米も九斗に成る。小判は下り、米は高り、……其外《そのほか》何に限らず日々《ひび》相場に狂ひあり。其れ公《ををやけ》を欠《か》きて私の成るべきことにあらず。それに一人天下の商人に背き、元銀は是《これ》、利は是とは分《わ》けがたきことなり。偽《いつは》りにはあらず。是を偽りと云はば売買なるまじ。売買ならずは買人《かう》は事を欠き、売人《うる》は売れまじ。左様になりゆかば商人は渡世《とせい》なくなり農工と成らん。商人皆農工とならば財宝を通《かよ》はす者なくして、万民の難義《なんぎ》とならん。

お答えします。商品を売る場合、その時の市場の相場によって（銀貨で）百匁で買った商品が九〇匁でなければ売れないということがあります。この場合は、仕入れたときの元金に損失が生じます。ところが逆に、一〇〇匁で買った商品が一二〇、一三〇匁で売れることもあります。だいたい相場が上昇するときはみな強気になりますし、逆に下落するときは弱気になるものです。こうした市場価格の騰落は、天のなすところであって、商人の私的な自由意思によるものではありません。価格が統制されている物品以外は、相場は時々著しく変動するもので、変動が常態なのです。今朝まで一両で一石売ることのできた米が、今の時間で九斗になることがあります。逆に小判の貨幣価値が下がって米の価格が上がることもあります。……
そのほか何に限らず、日々の相場に変動はつきものです。こうした変動は、公的な統制を別として、私的に左右できるものでありません。それなのに一人で世の中のすべての商人にそむいて、私の資金はこれだけの額で、利益はこの額というように設定することはできません。だから（原価を公表しないといえ）、販売価格は決して嘘ではないのです。これを嘘といえば、売買それ自体が成立しません。取引が成り立たなければ、買おうという人にたいし商品がなく、売ろうという人にも売ることができません。そのようになってゆけば、商人の生活自体が成り立たず、農民か職人になるほかなく、商人が全員農民か職人になれば、財貨を流通する人がなくなり、すべての人々が困窮することになるでしょう。

『世間のありさまに曲げて非なること多し』

曰く。然らば商人の売買にて利を得ることは有るべきことなり。其外に曲げて非なること候や。
尋ねたい。それならば商人の売買で利益を得ることにもそれなりの理由があることになる。だがそのほかに、道にはずれた不正の利益もあるのではないか。

答ふ。今日の世間のありさまに曲げて非なること多し。ここを以て教へあるなり。……二重の利を取り、甘き毒を喰《くら》ひ自ら死するやうなること多かるべし。一二を挙げて云はばここに絹一疋帯《きぬいっぴきおび》一筋《ひとすじ》にても、寸尺《すんしやく》二寸も短かき物あらんに、織屋《をりや》の方にては短かきを言ひたて直段《ねだん》を引くべし。然れども一寸二寸のことなれば疵《きず》にもならず、絹は一疋帯は一筋にて、一疋一筋の札を付けて売るべきが、尺引《しやくびき》に利を取り、又尺の足る者と同じく利を取るなれば、是二重の利にて、天下御法度《ごはつと》の二升《ふたます》を遣《つか》ふに似たる者なり。又染物坏《など》は染違ひ有れば、少しことを大きに云いたて直引《ねびき》し、職人を傷《いた》め誂《あつら》へたる人よりは染代を請取《うけと》り、職人方へは渡さざることも有り。これ又二重の利に越へたる悪事なり。総《すべ》て箇様《かやう》の類《たぐひ》多かるべし。又身上不調《しんじやうふととのひ》につき、買懸《かひがか》り借金《かりがね》の方へ、三分《ぶ》五分の割銀《わりがね》を以て、詫言《わびごと》致し済ますこともありとかや。其《そ》の負方《ををせかた》の中に売高《うりたか》多きもの、又猿《さる》賢《がしこ》き者は詫《わび》人より礼銀《れいぎん》を密《みつ》々に請取り、同じく損銀《そんぎん》ある体《てい》に見せかけて、我は損せざる者ありときく。箇様の紛はしき盗みをなす者を非《ひ》と云ふ。

お答えしましょう。最近の世の中の有様を見ますと、道をはずれた不正がたくさんあります。それだからこそ商人への教えがあるのです。……二重に利益をわがものとし、甘い誘惑から毒を食べて死ぬようなことが多いのです。一、二例をあげてみましょう。

ここに絹の反物一疋《いっぴき》（二反）、帯一本について、その長さが一、二寸ほど短い品物があるとすると、織物問屋の方では、織物製造者にたいし短いことを口実にして仕入価格をひき下げることがありえます。しかし一寸二寸ほどならばきず物にはならないで、絹一疋、帯一本として、正札つきで取引できるのが普通です。だから仕入れのさい値引きで利益を手中にし、その上不足ない品物と同じ価格で売却して同じ利益を得るのですから、これは二重の利益の獲得であり、法で禁ぜられている二つの升《ます》（計量の升の不正なもの）を使うのと似た不法のことです。

また染め物などでも、染め色に違いがあれば、ほんのわずかなことでも大げさに言って値段を下げて、染め職人を傷めつけ、しかも註文先からはいつも通りの染め代金を受け取り、職人の方には代金を渡さないようなことがあります。これも二重の利益をこえた悪事であります。この種の不正の事例は多いものです。また経営がゆきづまった場合、買い掛けなどで資金を借りた先にたいし、三割とか五割を返して、あとは詫び言ですますこともあるそうです。その貸し先で取引高の多額の者や、悪がしこい人のなかには、相手先から内密に礼金を受け取っておきながら、損失があったようにみせかけ、実際にはそれほど損のない人もあるそうです。こうした窃盗とまぎらわしい利益は、不正といわなければなりません。

アダム・スミスより前に営業の自由を主張

この社会で、資本ないし原価にたいして一定の利潤率が確定していれば、商人の利益の妥当性も明らかだが、現実には商品価値は一定していないのではないか、というのが最初の質問です。これにたいし梅岩は、すべての商品には相場つまり市場価格があり、それはたえず変動するので、損得は個々の商人の判断や意思のままにならない。それは決して商人の嘘や偽りというわけではないと、市場価格の原理を説明します。政府が公定価格を定めた統制品以外の一般の商品にとって、価格の変動はだれしも予測できない「天の働き」とも称すべきものである（したがって商人の側ではリスクが避けられない）。かりにすべての商品価格が政府によって統制されれば、結局は万民が困窮することとなる、との主張が行われています。

自由主義の経済学を樹立した有名なアダム・スミス（一七二三～一七九〇）は、市場経済による国民の富の蓄積を、「見えざる神の手」の導きと説明し、自由な市場経済こそ国民国家の繁栄をもたらし、政府による経済活動への介入や統制が、結果的には国民を貧困におとしいれると論じました。スミスの場合は、当時台頭していた貿易をはじめとする商工業者の活動を観察し、国際経済的に広範に論じたものですが、主張について注目すれば、驚くほど同じ立論といえましょう。ちなみに彼の『諸国民の富』の発行は、一七七六年のことですから、商業についての立論といえ、営業の自由の主張という点では、石田梅岩の『都鄙問答』（一七三九）のほうが早いことになります。

それに続く不正の利潤、「曲《ま》げて非《ひ》なる利」についての問答も重要です。梅岩は、もちろん営利行為のすべての現実を認めるわけでなく、世間では営利欲に惑わされた不正の利益を得ている事例が数多いことを指摘し、正と不正とのビジネスの区別に注意を呼び起こしています。ここでは具体的に二つの事例があげられています。

一つは、商人と下請業者との取引の場合で、問屋商人が、わずかな疵《きず》を理由にして下請けの製造業者からの仕入価格をひき下げ、かつ売るときは疵を知らないものとして売り、二重の利益を手中にする場合です。もう一つは、資金ないし金融の取引において、取引相手が倒産するようなときに、内証で礼金として補償金をとり、しかも外部にたいしては相手の倒産によって非常に損をしたふりをするケースです。

これらは、取引高が多いときにしばしば行われたようにみえますから、表示の不正や改ざん、そして内証の損失補填《ほてん》、というような形態での不正な利益は、いつの時代でもありうるし、現にしばしばあったわけでしょう。いずれにしても、相手をだます行為や不正な利得は、営利欲と結びついて頻発しうることを適切に指摘していることにおいて、『都鄙問答』はきわめて現実的ですし、また梅岩の商人生活の豊富な経験にもとづく諸事例は、興味深いものがあります。

第五章　倹約は蓄積の父、自然保護の母

―堅実経営のすすめ

これまでの問答では、市場・価値と価格・利潤という、いわばマクロの経済とミクロの企業の関係が検討され、社会におけるビジネス活動の意義と役割とが説明されました。

そこでいよいよ、「商人道」ないし「商人の心得」という経営のあり方、さらには企業内外の人間のあり方がテーマとしてとり上げられ、いわば経営学的な対話が次々に展開されます。『都鄙問答』原本の「或る学者商人の学問を譏《そし》るの段」の前節につづく箇所です。

曰く。然らば商人の心得は如何《いかが》致して善《よ》からんや。

―それならば、商人の心得としてはどうしたらよいか、お尋ねしたい。

答ふ。最前に云る如くに、一事《いちじ》に因《よ》つて万《ばん》事を知るを第一とす。一《いつ》を挙《あ》げて云はば、武士たる者君《きみ》の為に命を惜しまば士《さむらひ》とは云はれまじ。商人《あきびと》も是《これ》を知らば我が道は明らかなり。我が身を養《やしな》はるるうり先を疎《そ》末《まつ》にせずして真実《しんじつ》にすれば、十が八つは、売先《うりさき》の心に合《かな》ふ者なり。売先の心に合ふやうに商売に情《せい》を入れ勤めなば、渡世《とせい》に何《な》んぞ案ずることの有るべき、且《そのうへ》第一に倹約を守り、

是まで一貫目の入用《いりやう》を七百目にて賄《まかな》ひ是迄《これまで》一貫目有りし利を九百目あるやうにすべし。売高《うりだか》拾貫目の内にて利銀《りがね》百目減少し、九百目取らんと思へば、売物が高直《かうぢき》なりと尤《とが》めらるる気遣《きづか》ひなし。無きゆへに心易《やす》し。且前《そのうへ》に云ふ尺違《しやくちが》ひの二重の利を取らず。染物屋の染違ひに無理せず。倒れたる人とうなづき合ひて礼銀《れいきん》を受け、負《をを》せ方中間《なかま》の取口《とりくち》を盗まず、算用極《さんようきわ》めの外に無理をせず、奢《をご》りを止《や》め、道具好《だうぐずき》をせず、遊興《ゆうけう》を止め普請好《ふしんずき》をせず。斯《か》くのごとき類尽《たぐひことごと》く慎《つつし》み止《や》むる時は、一貫目設《まう》くる所へ九百目の利を得ても、家は心易く持たるる者也。扨《さて》利を百目少なくとれば、売買の上に不義は有増《あらまし》なき者なり。譬《たと》へば一升の水に油一滴《ひとしづく》入る時は、其の一升の水一面に油の如くに見ゆ。此《ここ》を以て此《こ》の水用《よう》にたたず。売買の利も是《かく》の如し。百目の不義の金が、九百目の金を皆不義の金にするなり。百目の不義の金を設《まう》け増《ま》し、九百目の金を不義の金となすは、油一滴によりて、一升の水を捨つる如くに、子孫の亡《ほろ》び往《ゆ》くことを知らざる者多し。二重の利や倒れ者の礼銀や、払《はらひ》のしかけなどの無理尽《ことごと》く合はせ聚《あつ》めて見たりとも、それにて世帯《せたい》が持たるる者には非ず。此理《このことはり》は万事にわたるべし。然れども欲心勝ちて、百目の所が離《はな》れ難きゆへに、不義の金を設け愛す可き子孫の絶へ亡ぶることを知らざるは哀《かな》しきことにあらずや。

お答えしましょう。前にも述べましたが、根本的な一事の心得からみて万事の心得を知るのが一番です。一事を例にあげてみれば、武士たるもの、主君のために命を惜しんでいたら武士といわれますまい。商人もこうした武士道のありようを知れば、おのずから自分たち商人の道が明らかです。わが身の生活を養ってくれる売り先のお客をおろそかにせず誠意をつくせば、八割がた顧客先の満足をうるものです。

顧客の満足をうるように商売に誠意をつくし努力すれば、生活に心配することなどありましょうか。そのうえ倹約に心がけて、これまで一貫匁（一〇〇〇匁）かかった費用を七〇〇匁ですませ、これまで一貫匁で得られた利益を九〇〇匁で得られるようにすべきです。いいかえれば、売上が一〇貫匁のうち、（これまで一貫匁で得られていた）利益を一〇〇匁減少して九〇〇匁で得ればよいようにすれば、売る品物の値段が高いととがめられる心配はありません。心配がないから心が平安でおられます。その上、前に述べたような二重の利益をとらないことです。染物屋が多少の染ちがいをしても無理をいわないことです。また倒産した人にたいしてはあくまで了解の上でのみ礼金をうけ、貸金につけこんで搾取するような、いわば盗みをせず、計算を綿密にするほか、無理なことをしません。

贅沢をすることをやめ、身のまわりのものに好き嫌いを言わず、遊興をやめ、むやみに家の普請をしない。これらのたぐいの事をすべて慎しみやめるときは、一貫匁儲けるところで九〇〇匁の利益にとどまっても、家業は安心して維持できるものです。

いったい利益を一割少なめにすれば、取引の上での問題はほとんどないものです。例えば一升の水に油を一滴いれてみると、その一升の水は一面が油のようにみえるものです。そのためこの水は役に立ちません。売買の利益もこのようなものです。一〇〇匁の不正の利益が、九〇〇匁の利益の金をすべて不正の金にしてしまうのです。一〇〇匁の不正の儲けを増大し、九〇〇

○匁を不正の金にしてしまうのは、油一滴によって一升の水を無駄に捨ててしまうように、結局は子孫が滅びてしまうことを知らない者です。二重の利益をうるとか、倒産した者から礼金をとるとか、支払い上のごまかしとか、無理な利益は、これをすべて集めてみたところで、それで一家が持続できるというものではありません。

これらの道理は、万事についてみな言えることです。それでもなお、営利欲が強くて、一○匁のところが心から離れにくくついているために、結局は不正の金儲けをし、愛すべき子孫が滅びてしまうことを知らないのは、なんとも悲しいことではありませんか。

商人道・経営倫理の第一の心得についての質問にたいする返答は、簡《かん》にして要《よう》を得たものです。例えとして、武士の場合の第一の心得が、扶持《ふち》を得ている君主のために命を惜しまず主君につくすことであることからみれば自明とされます。商人の場合、自分が養われている（収入を得ている）先たる顧客にたいし、誠意をつくし、信用を得ることにほかならない、つまり誠心誠意をつくせば、それが正しいのであって、八割がた相手の心にかなうものである。だから、何時でも相手の心を念頭において精を出せば、それ自体が商人道にかなっているのであって、あれこれ何ら取りこし苦労をする必要がない、というわけです。

『倹約とは三つの財を二つで済むようにすること』

次に、利益の大小については、倹約を一途につとめ、これまで一〇〇〇匁の価格で取引していた商品ならば九〇〇匁の価格でも利益があるように、経費なり原価を七〇〇匁で済むように創意工夫する、そうすれば価格が高いと非難されることがない、と説かれます。

ここで十分に注意しなければならない点は、「倹約」という言葉の意味です。梅岩のいう倹約とは、今でいう「節約」と必ずしも同じでなく、ましてけちをするという態度や行動とはまったくちがいます。梅岩には、別に『倹約斉家論』という著述があり、この本のなかではもっぱら倹約をテーマに論ずるほど、倹約を重視していますが、彼の所論では、倹約とは「吝嗇《りんしょく》」とはむしろ反対の概念で、けちが、ものごとを必要以上に惜しむという、本質的には欲心のあらわれであるのにたいし、倹約とは積極的な意思と創造的な努力である、とされます。梅岩の没後に弟子たちが編集した『石田先生語録』（巻一、「或る問に曰く、倹約は如何」）のなかで、倹約は次のように説明されています。

倹約と云ふことは世俗に説くとは異なり、我が為《ため》に物ごとを吝《しは》くするにはあらず。世界の為に三つ入《い》る物を二つにて済むやうにするを倹約と云ふ。

私のいう倹約とは、世間で普通に説くそれと意味がちがっています。自分の利益や欲のためにものごとにけちをすることではありません。この世の中のために、例えば三つの財が必要で

――あったものを二つで済むようにすることが私のいう倹約なのです。

倹約が、いかに積極的な意味をもち、創意工夫の側面を含んでいるかがおわかりいただけると思います。これは、日本の企業が重視する〝合理化〟や〝改善〟に結びつくもの、といえましょう。梅岩は、先の書物のなかで、こうした倹約は、正直の徳とともに、いずれの職業かを問わず、「身を修《おさ》める大道《だいどう》」であり、「仁《じん》の本《もと》」であると強調しています。日本人の日常生活における「勿体《もったい》ない」の意識の由来です。

倹約の主張についで、これに反する欲心から生ずる営利行為の悪と、それに不可分な不安感、そして経営の危険が、さまざまな事例について説かれています。升《ます》にいっぱいの水に油が一滴入っただけでも、水として役に立たないと同様に、たとえわずかな欲心からでも生じた不正の利益が、ビジネスにとってかけがえのない信用を一挙にくつがえし、子孫にまで不幸を及ぼす、とは何という適切な比喩でしょう。

ところで、『都鄙問答』には、ここにあげた商人の心得の問答とは別の箇所で、「商人《あきびと》の道を問《とふ》の段」という問答があり、別の角度から、同じく商人の道が、社会の役割と結びつけて、より体系的に論じられていますので、ここに紹介しましょう。

『一銭を重ねて富をなすは商人の道なり』

或る商人問ひて曰はく。売買は常に我身《わがみ》の所作《しよさ》としながら、商人の道にかなふ所の意味何とも心得がたし。如何なる所を主《しゆ》として、売買渡世を致し然《しか》るべく候や。

　ある商人がこう質問している。商品の売買という利己的な業務を自分の日常生活としながら、商人が道にかなっているという意見は何とも納得しがたい。いったいどのような心得をもって商人の取引生活をしたら道にかなうことになるのか。

答ふ。商人の其《そ》の始めを云はば古《いにしへ》は、其の余《あま》りあるものを以てその足らざるものに易《かへ》て、互《たがひ》に通《つう》用《やう》するを以て本《もと》とするとかや。商人は勘定委《くは》しくして、今日の渡世を致す者なれば、一銭軽《かろ》しと云ふべきに非ず。是を重ねて富をなすは商人の道なり。富の主《あるじ》は天下の人々なり。主の心も我が心と同じきゆへに我一銭を惜《をし》む心を推《を》して、売物に念を入れ、少しも麁相《そそう》にせずして売渡《うりわた》さば、買人の心も初めは金銭惜しと思へども、代物《しろもの》の能《よき》を以て、その惜しむ心自《をのづか》ら止むべし。惜む心を止め、善に化《くは》するの外あらんや。且《そのうへ》天下の財宝を通用して、万民の心をやすむるなれば、天地四時流行し、万物育《やしな》はるると同じく相合《あいかな》はん。此《かく》の如《ごと》くして富《とみ》山の如くに至るとも、欲心《よくしん》とはいふべからず。欲心なくして一銭の費《つひへ》を惜しみ、青戸左衛門《あをとざえもん》が五拾銭を散《ち》らして十銭を天下の為に惜しまれし心を味《あじは》ふべし。此の如くならば天下公《ををやけ》の倹約にもかなひ、天命に合《かな》ふて福《さいわひ》を得べし。福を得て万民の心を安んずるなれば、天下の百姓《おほんたから》といふものにて、常に天下太平を祈るに同じ。且《かつ》御法を守り我身を敬《つつし》むべし。商人といふとも聖人の道を知ら不《ず》んば、同じ金銀を設《もふ》けながら不義の金銀を設け、子孫の絶ゆる理《ことはり》に至るべし。実《まこと》に子孫を愛せば、道を学て栄ふることを致すべし。

商人と商業のなりたちを考えてみれば、昔は各人の生活上の余分な物と、不足した物と交換し流通させたのがそもそもの始まりと聞いています。商人は、計算を綿密にすることで毎日の生活をするものですから、一銭でも軽々しく扱うことができません。こうしたわずかな利益を蓄積して富を得るのが商人の道です。

ですから、富の主人は、この天下のすべての人々です。富の主たる人々の心も、商人たる私共の心と同じですから、一銭を惜しいという共通の心を念頭において、売買する商品の品質に注意し、少しも間違いのないようにして売り渡せば、買い手ははじめは金が惜しいと思うものですが、品物が良いことで、金が惜しいと思っていた心も自然になくなるものです。商人の道とは、惜しいと思う心を満足に転ぜしめることのほかありません。その上、商取引は天下の品物を全国に流通して、すべての人々の心に満足を与えるものですから、天地に四季があって万物が生育するのと同じで、そこには相応の理由があるといえます。

こうしたわけですから、商人道で、結果として富が山のように蓄積したとしても、貪欲の心のせいというべきでありません、欲の心がなく、一銭の費用をも惜しみ、かの青砥（戸）左衛門が五〇銭を費して、川に沈んだ一〇銭を天下のために惜しんだ心を味わわねばなりません。このようにするとき、世界全体のための富の節約の趣旨にそい、かつ天命にも適合しているわけで、幸せを得ることになりましょう。商人道によって、自分が幸福になり、同時に世の中のすべての人々の心に満足をもたらすものならば、農民と同様に世の中の資産といえるもので、つねに世のために平和を祈願すると同じ働きがあるといえます。また商人は、法を遵守し、自己の生活を慎むべきであり、商人といっても、聖人の道を知らないと、おなじ金を儲けながら、不正の金儲けに走り、結局は子孫の滅亡にいたることになります。本当に子孫を愛するなら商人の道を学び、家が繁昌するように努めるべきでしょう。

富の資源の節約の意義

商業ビジネスの社会的な役割は、前節に触れられていましたが、ここでは改めて体系的かつ歴史的にその意義が説明され、さらに「富」の価値に及んでいます。

まず、経済と商人階級の生成・発展の由来、そして商業が一国の経済にとって不可欠な構成要素であることが説明されます。

ついで、商品の販売価格と利益のあり方が論じられています。ここで梅岩は、取引先にたいし（梅岩がつねに取引先、顧客のニーズを視野に入れていることに注意してください）、販売商品に「念を入れ」「少しも麁相《そそう》にせずして」、つまり誠心誠意配慮したのち商品を売渡すときには、買い手も品質とサービスが良いことから、当初の金を惜しむ気持ちがなくなる、と説いています。

こうした公正な販売においては、利益は付加価値であり、取引の総体が一国の経済を構成する、という立論が展開されています。

なお市場経済が発達した江戸中期は、同時に鎖国のもとの国内の流通インフラの形成がすすみ、自給自足の政治経済のシステムができたことを念頭に置かねばなりません。それが、狭い国土と限られた資源のもと、二〇〇〇万人をこえる人口を抱えるという条件の下ですから、節約・倹約がマクロ的にもミクロ的にも強調されたことは必然といえることでしょう。この点で、同じ一八世紀のイギリスは、同じ水準の人口をもち、貿易依存の政治経済体制であったことが想起されます。

文中にみえる青砥《あおと》（青戸）左衛門の逸話は、鎌倉時代に廉直で有能な行政官として知られた青砥藤綱《ふじつな》が、たまたま滑川《なめりがわ》に落した小銭を、世の中から失われないようにと、費用を惜しまず松明《たいまつ》を買い、川を照らして探し求めたという故事のことです。彼の行動の可否については、経済学的にはむろん疑義がありましょうし、江戸時代においてもしばしば論議されましたが、限られた資源を節約するという立場では、今日的に有用な論点です。しかしそれはさておき、富ないし資産の形成は、正路の途にそくした行動と綿密でかつ合理的な計算（「始末」「算用」といわれた）にもとづく、長期的な利益の蓄積によるほかない、というのが石田梅岩の論点です。先に触れたB・フランクリンも同じことを力説していますし、前世紀初頭に世界最大の資産家となった石油王のロックフェラーは、致富の秘訣を問われると、いつも零細・確実な利益の長期的な蓄積にほかならない、と答えたということです。

こうして梅岩は、商人道にもとづいてビジネスを営んだ結果として、富が「山の如く」になったとしても、それは非難すべきでない、と論じています。これも留意さるべきでしょう。『都鄙問答』や石門心学は、しばしば誤解されるような、窮屈な道学者の説教ではありません。提唱されている商人道は、たしかに禁欲的で、誠実な努力の道ですが、もとより富の蓄積が否定されているのではありませんし、豊かさを求める心が無視されているわけでもありません。この箇所では、富の蓄積が、商人道によれば誰しもが可能なこと、かつそれが積極的に肯定さるべきことが主張されているのです。この点こそ重要で、『都鄙問答』がその後、商人階級にとっての経典のように尊重されたゆえんでもありましょう。

ここで石田梅岩による職業人《プロフェッショナル》としての商人が描かれていることも指摘できます。それは、正直や倹約と結びついていますが、いちおう区別ができる読み書き能力と算用《さんよう》（計算）の能力です。ここでは立ちいって述べられませんが、『都鄙問答』の随所（先の引用文など）に触れられています。事実、算盤《そろばん》の使用と帳簿の記帳こそは、商人の職業人たる資格となりつつあり、この時代の近江商人、伊勢商人ら、畿内の出身者が帳簿や会計を重んじており、それが江戸はじめ各地で発展し、成功した重要な要因の一つであることが改めて理解されます。

第六章　商人と屏風《びょうぶ》は直《す》ぐには立たず

―取引の公正・正直

相対取引の伝統と問題点

さて、ビジネスの利益は、取引によって実現します。商業はもとより製造業やサービス業、金融業でも変わりません。商取引は、経済行為と同じ意味で用いられます。だから、ビジネスあるいは経済行為にかんする法律は、商法であります。

ところで取引は、市場ばかりでなく、具体的な特定の人間や組織の間の相対《あいたい》取引としても行われます。抽象的ないし経済学的には、取引は多数（理論的には無数）の人間の競争による、非人格的な市場ですが、現実には、一人一人それぞれの顔をもつ人間間《かん》の取引である場合がより一般的です。ただ、欧米、例えばアメリカのような競争入札が文化的、歴史的に普及している国では、より非人格的な取引関係が、多くの分野においてひろく制度化されているといえるでしょう。

これにたいし日本のように、狭い国土で同一民族が生活してきた長い歴史をもち、人間関係の緊密な社会では、現実には信用とか信頼にもとづく長期的な相対取引やグループ関係が発展しがちであり、競争は往々にして間接的になりやすく、また成文化された契約は形式化し、それほど重要視されないことが生じます。政府とか公的機関にたいする、公的な性格の強い取引においても、直接的な競争入札ばかりでなく、しばしば長期的な相対取引が日常化していることは、今も昔も変わりません。

長期の相対取引は、いちがいに悪いとか、効率的でないとはいえません。長期の取引関係では、細かい契約や煩雑な手続きや調査などのさまざまの費用が節約されます。また、取引先とのトラブルを避けやすいし、お互いの緊密な関係を通じて、品質の改善やサービスの向上をうることも可能でしょう。日米の産業の競争力の比較において、アメリカでは競争入札といえ、個々の取引については取引費用《タランザクション・コスト》が大きく、契約についての法的費用やさまざまなクレームにたいする支出が多いのにたいし、日本の企業ではグループ内取引など密接な相対取引によって、長期的に効率的なシステムがしばしば働いていることも指摘できます。

しかし同時に、もとより欠点も明らかです。取引の双方で慣れあいや甘えが生じ、それが不正の温床となりやすいし、取引が事実上閉鎖的となり、外部の人々との間にとり扱いの不公平が生じやすくなります。まして公的な取引において、長期取引が特権化すれば、公正さなど望むべくもなくなります。要するに、良識ないしはバランス感覚と高いモラルが必要なわけです。

石田梅岩は、この点をよく承知していて、『都鄙問答』のなかで、取引の廉直さとモラルを、商人道のテーマの一つとして独立に論じています。たんに歴史的に興味深いというにとどまらず、現代においても頗《すこぶ》る示唆と教訓に富むトピックといわざるをえません。とり上げられている事例は、当時の代表的な商業ビジネスの一つたる呉服業の取引で、武家屋敷に出入りする指名業者の実例です（「或る学者商人の学問を譏《そし》るの段」）。大名のような特定の武家屋敷と取引し、必要なさまざまな呉服の注文をとりそろえて納入する業務は、金額も利益も大きく、呉服商人の誰もが望むビジネスでした。

『此正直によって、幸いを得たり』

或る所に屋舗《やしき》へ出入する用達《ようたつ》し二人あり。又外より出入を望む者在りしが、買物方の役人申されけるは、二人の用達しより入る物は殊の外高直《かうじき》に相見《あひみ》ゆると云ひて、彼の出入を望む者の絹と見合《あは》せ有《あ》りける時、過分の直違《ねちが》ひあれば役人殊の外に機嫌あしく二人の用達を一人宛《づつ》呼びて、汝が方より差上候呉服、殊の外高直につき外をも見合《あは》せ候所、格別の相違不届《ふとどき》の由《よし》申されければ、一人の出入の者の云ふ、拙者《せつしや》ども御用疎末《そまつ》に仕《つかまつ》ること少しも是《こ》れなく候。初て御出入願ひ申すものは、損銀《そんぎん》を致してなりとも、最初には差し上げ申し候へども後の続かざる者に候と云ふ。其の口《くち》書《がき》をとりて帰さる。又一人を招《よび》て不届《とどき》のよし申し渡されければ、仰《をを》せ御尤《もつとも》に候。拙者儀、去年までは愚父《ぐふ》存生《ぞんしやう》にて御用達し申す所に、愚父相果《は》て候て後、御用拙者に仰《おほ》せつけさせられ候ところ、拙者こと不調法《ぶてうほふ》にして勝手《かつて》困窮仕り候ゆへ、買物調《ととの》ひかね先《さき》方より高直に売り申し候や。心もと無く存じたてまつり候。且《そのうへ》御調《ととの》へなされ候呉服が証拠にて候。高直なる物をさしあげ申す事、殿《との》様《さま》の御高恩《かうをん》を忘るると申すものにて御座候。今暫《しばら》く下しをかれ候扶持《ふち》にて渡世仕り、一両年の中《うち》、家屋舗諸道具等売払《うりはらひ》　借銀《かりがね》相すまし、其上にて御用相勤《つと》め申し度《た》く候と云ふ。然らば其口書《くちがき》せよと云ひて、口書をとりて帰《かへ》さる。其の後評議ありて一人の用達は身上不如意《ふにょい》なる者を手本とし、高利をとり其の上役人を云ひ掠《かすむ》る咎《とが》ありとて、用事をとり上げられしとかや。又一人は正直なる申しぶんなり。其の上彼が貧乏は亡父が奢《をごり》の為《な》す所、彼が咎にはあらず。亡父が咎を身に受くる孝心、殿への忠義彼此《かれこれ》後々に至りても、為《ため》に成《な》るべき者なりとて、古借《しやく》を聞き届け合力《がうりよく》致し、用向《ようむき》をこれまでの通りに云ひ附《つけ》よと有《あ》り。此《これ》正直によつて、幸《さいはひ》いを得たり。

（こういう話があります。）ある所に大名屋敷に出入する御用商人が二人いました。たまたまほかにも、この商品について取引を希望する商人があったので、購買担当の役人は、そういえば従来の御用商人から買い入れる品物は格別高値に思われるといって、あらたに取引を望む商人の呉服をとりよせ比較してみたところ、価格の相違がありました。

そこで役人は機嫌が悪くなり、二人の御用商人を一人ずつ呼んで、お前たちから買い上げる呉服は特別に高いので、ほかの商人の品物と比較照合してみた結果、やはり著しく価格に相違があった。まことに不届きであるとそれぞれに申し渡したところ、一人の商人は、こう言った。「自分はこれまで御用をいい加減に勤めているわけではまったくありません。初めて取引をお願いする者は最初は赤字でも納入するでしょうが、それでは長続きいたさないものでございます」と。そこで担当役人は、口上書をとって帰宅させました。

もう一人の商人も呼び出して、不届きの由を申し渡したところ、この商人は、「おっしゃることはその通りです。私の場合、昨年まで父が存命で御用を承っておりましたところ、その後亡くなり、息子の私に注文を仰せつけられましたが、私は不慣れで手もとの資金にも窮していますので、商品の仕入れがうまくゆかず先方から高い品物を売りつけられたかもしれず、不安な次第です。その上、お求めになった呉服が証拠であります。高い品物をお納めすることは殿様のご恩を忘れたというものです。もうしばらくは戴きました収入で生活し、一両年のうちに家屋敷はじめ所有品などを売却し借金を返済し、その上で御用を十分に勤めたいと存じます」と言いました。役人は、それならその旨書面にせよと言いつけて、口上書をとって帰宅させました。

その後役所で会議した結果、一人の商人は「手もとの資金が不足している者が高値で納入しているのをいいことに、高利をむさぼった上、役人をいいくるめた罪がある」として、納入業務をとり上げたといいます。もう一人の商人には「正直ないい分である、その上彼の貧乏は父親の贅沢な生活のせいであって彼の罪ではない。しかも亡父の罪を表に出さず自分が引きうけようという孝心、殿様への忠義、あれこれ考えると、後々にも当家のためになる者であるから、従来の借金は認めて資金を融通し、発注の仕事も従来どおりとせよ」ということになりました。これは正直が幸運をもたらしたのです。

公正と廉直がすべての基礎

話の内容はわかりやすいので、特に解説は必要ないでしょう。この二人の呉服商の場合、最初の取引にさいしては、二人とも見積書とか明細書などの提出があり、妥当な利益の額が認められた、と読めます。それが、年がたつにつれて取引がルーズになってしまい、近年では必要書類の提出や検査業務もおろそかになり、世間相場よりも納入価格が著しく上昇してしまっていたとき、たまたまほかの業者から取引の強い要望が出された。そこで発注先の役所のチェックと検査が行われた結果、一人は不正と判断されて指名がとり消しとなり、他の一人は正直で、社会のモラルを十分に守っているとして、取引の継続を認められたばかりでなく、融資の助成を得たという、まことにおもしろい話です。

この対話は、日常的なビジネスで重要な教訓を含んでいます。こういうケースは、特に明白な悪意がなくても起こりうるでしょうから、判定には、時と場合とによって、さまざまの基準が考慮されうるし、現にこの問答においてもいろいろな点が検討されていますが、要は、公正と廉直さであり、商人のモラルのあり方にほかなりません。おそらく長期的な相対取引がビジネスの土壌となっているわが国においては、現在も今後も、こうした問題は、経営のモラルやコンプライアンスの具体的な側面として重要であり続けるでしょう。

さて、ここでのテーマとなっている「ビジネスと正直」について、有名な比喩の俗語が、同じ段の問答のなかで、次のように論じられています。

『利を取らざるは商人の道にあらず』

曰く。然れども世俗に、商人と屏風《びやうぶ》とは直《すぐ》にては立たずといへるは、如何《いか》なることぞや。

お尋ねしたい。そうはいうものの、世間の俗な言葉に、「商人と屏風とはまっすぐには立たない（まげないと立たない）」というが、これはどういうことなのか。

答ふ。世俗《せぞく》の言《こと》に加様《かやう》なる聞き誤り多し。先づ屏風は少しにてもゆがみあれば畳《たた》まれず。此の故に地面平《たい》らかならざればたたず。商人もその如く自然の正直なくしては、人と竝《なら》び立ちて通用なり難《がた》し。これを屏風のすぐにたとへたるものなり。屏風と商人とは直《す》ぐなれば立つ。曲《ゆが》めばたたぬと云ふことを取り違へて云へり。古《いにしへ》の伯夷《はくい》の直《すぐ》も、屏風の直に勝《まさ》ることあるべからず。

お答えしましょう。世間の俗語には、そうした聞き誤りが多いものです。何よりも屏風は少しでもゆがみがあると折り畳むことができません。このためゆかが平らでないとまっすぐに立ちません。商人もそのように、平常の心が正直でないと、人々とともに信用を得て仕事をしてゆくことが困難です。これを屏風をまっすぐに立てることにたとえたものです。「屏風と商人はまっすぐなら立つ、ゆがめば立たない」という言葉を世間でとりちがえて言っているのです。

昔の中国のかの伯夷《はくい》叔斉《しゅくせい》は廉直なことで有名ですが、彼の正直をもってしても、屏風のそれ以上であることはありません。

曰く。商人の屏風にならぶほどの直《すぐ》と云ふことは、如何なることぞや。

お尋ねしたい。商人が屏風とならべられるほど正直ということになるが、それはどういうことか〈どうして可能か〉。

答ふ。凡《すべ》て貨《たから》を鬻《うる》を商《あきなひ》と曰ふ。然れば貨を売る中《うち》に禄《ろく》あることを知るべし。このゆへに商人は左の物を右へ取り渡しても、直《すぐ》に利を取るなり、曲《ゆが》みて取るにあらず。口入《くちいれ》ばかりする商人を問屋《とひや》と云ふ。問屋の口銭《こうせん》を取るは、書付《かきつけ》を出し置けば人皆これを見る。鏡に物を移すが如し。隠《かく》す処にあらず、直に利を取る証《しるし》なり。商人は直に利を取るに由《よ》つて立つ。直《すぐ》に利を取るは商人の正直なり。利を取らざるは商人の道にあらず。ここを以つて正しき士《さむらひ》は、此の売物は損銀《そんぎん》たち候へ共、負《まけ》て売らんと云ふ時は買はず。我買うてやるは汝に利を得させん為なり。汝が合力《がうりよく》は受けずと云へり。利を取らざるは商人の道にあらず。

お答えします。そもそも財貨を販売する人を商人といいます。ですから財貨を販売するさいに商人の収益があることを知らねばなりません。そういうわけで商人は仕入れた商品をそのまま販売しても、まさしく利益を得ますが、それは何か嘘をついて利益を手中にするわけではありません。例えば商品を店に並べるのでなく、取引を口頭でとりまとめる商人を問屋といいます。問屋は口きき料たる口銭をとりますが、（正直な問屋ならば）取引の書類を出しておけば誰でも収支をみることができます。それは鏡に物をうつすように明白で、隠しだてなどしませんし、それこそ正当に利益を得ることの証拠なのです。（商人は）正直に利益を得ているからこそ存在しうるのです。

正当な利益をつつみ隠さず得るのが商人の正直というものです。逆に利益をとらないのは、商人の道ではありません。このところをおさえているので、物事を正しくみる武士ならば「この品の販売は損失なのですが、特に安く売りましょう」と商人がいうようなときは品物を買わないものです。「自分が買ってやるのはお前に商人としての利益を得させるためである。特別な協力など受けない」というものです。利益をとらないのは商人の道ではありません。

問屋口銭・手数料の正統性

「商人と屏風はまっすぐに立たない」あるいは「商人と屏風とは曲がっているから立つ」という俗語は、一種の諺のようによく使われたようです。特にこの時代は、武士が商人を軽蔑する言葉としてしきりに用いられました。同時に、商人たちは、これ以上ないほどの劣等感や屈辱感を与えられたことでしょう。特に心ある商人にとって、これに反論できなかったことは耐えがたいものであったと想像できます。

石田梅岩は、商人道を提唱する上でも、商人に自信とプライドを与える上でも、この俗語を何とかしなければならないと思ったことでしょう。卑俗なことも、卑俗としておろそかにしないのが、再三述べたように、実用を尊ぶ『都鄙問答』の特色の一つです。

長い歴史をもつ諺は、それなりに真理がある、とその価値を尊重するのが梅岩の態度ですから、言葉自身の存在を認めるものの、たまたま俗に誤って理解され、慣用されているとの説明がなされます。すなわち、商業や商人は、屏風と同様に、拠ってたつ基盤が正しいからこそ成り立つ、が本来の意味であるという議論です。ちょっと無理な解釈とも思われますし、事実、この解釈は必ずしも一般化しなかったようです。しかし、商人としての正統的な解釈と立場を確立することは、大切なことです。

利潤の源泉と根拠については、すでに論じましたが、再び正直な商人の利益の正当性が取引費用の観点から説かれています。

同じ商業ビジネスでも、下請けを用いて製造や商品の仕上げにたずさわるとか、資金を投じて得がたい製品をひろく買い集めるとか、はっきりと付加価値が加わっている場合はともかく、右の物をそのまま左に渡す場合にも、商人は一般に一定の利益を得ます。この場合には節約とか創意工夫の余地が乏しいので、正直な取引では利益が生ずる余地がないのではないかという質問にたいするもので、まじめな商人の側からの疑問に答えたものと考えられます。

ここで梅岩は、売買という取引成立自体に利益が存在する、口銭ないし手数料は、取引の実現にさいするサービスとして正当な報酬であることを主張しています。同時に、こうした口銭は請求書のなかに明確に記入しておくべきであり、妥当な額であればいっこうに隠すべきでない、と説いています。

こうした口銭・手数料の正当性の主張は、『都鄙問答』をテキストとする心学運動の発展の過程で、妥当な問屋口銭の商慣習化にしばしば寄与するところが少なくなかったことでしょう。『都鄙問答』のなかでも見のがせないところです。

第七章　存続の経営、和の尊重

──人間関係と家の存続

　さて、商人道によるビジネスは、取引先への正直と誠実、そして経営上の倹約と創意によって、市場経済の時代になると、妥当な利益を得ることが可能であり、社会的にも有意義ですが、それだけで必ずしもうまくゆくとは限りません。企業やビジネスは、生業のような小規模な家業にしても、複数の人間が必要であり、ましてこの時代に発達した大店《おおだな》（大店舗）は、多数の人間による経営体であり、人間の組織体であるからです。

　もとより石田梅岩は、商業ビジネスがある程度の発展段階に達すれば、コミュニティー集団ないし組織によって営まれなければならない側面を十分に認識していました。そこで商人道の、組織やマネジメントの側面についての具体的な心得を、彼の講釈において、主人と奉公人との心得として説いていました。それは、先の『石田先生語録』のなかに、とりまとめて箇条書きにして記されています。

　非常に興味ある内容の項目にみちていますので、次に掲げ、これらの心得を通じて、梅岩の説く組織のあり方、経営における人の道を聴くことにしましょう。

　原文は一見、読者に読みにくい印象を与えますが、じつは現代の会社経営にも通ずる日本の経営学なのです。

『たとひ主人たりとも邪正を分ける可き事』

一、諸事《しよじ》取捌《とりさば》きの事、主人たる者一分《いちぶ》に致すまじく候。頭手代《かしらてだい》三四人と相談いたし其上決定《けつじやう》せざる事あらば、宿持手代《やどもちてだい》中其の他家内《かない》の惣手代《そうてだい》中を寄集《よせあつ》め、思ひ入《い》れを互に論じ、或は直《じか》に言はざる事ならば入札《いれふだ》に致し、一列《いちれつ》に得心《とくしん》の上相究《あひきは》め申す可《べ》き事。手代中にてもたとひ主人たりとも非《ひ》を理《ことはり》に曲《ま》ぐる事あらば少しも用捨《ようしや》致さず、急度《きつと》邪正《じやせい》を分《わ》け申す可《べ》き事。

一、心のをごりはもとより、身分より過ぎたる奢《をご》りあらば手代中は勿論、主人たりとも少しも遠慮無く急度《きつと》改めさせ申す可く候。奢りは衆悪《しゆうあく》の基《もとひ》なれば第一の誡《いましめ》に致す可き事なり。

一、手前の勝手《かつて》能事《よきこと》といへども人の害に成り候事ならば譬《たと》ひいかやうの利分を得るとも堅く致す間敷《まじき》事。

一、利分《りぶん》にかかはり金銀を借し申す事堅く仕間敷《しまじき》事。

一、商売用の外に利を求めんがために他の商売の貨物《かもつ》を一切置き申す間敷《まじき》事。

一、宿持《やどもち》の手代中の事、常々懇意《こんい》に致しあひ隔心《かくしん》無き様にいたし、万事相談和合《わがう》致す可き事。

一、主人たる者我儘《わがまま》の働きをなすか、又は身持放埒《ほうらつ》なる事あらば、手代中申し合はせいかやうにも異見《いけん》致し改めさせ申す可く候。万一改めずして家相続の妨げにも成り候筋に候はば、是《これ》先祖へたいし大不孝者なれば惣《そう》手代中相談の上、隠居《いんきょ》を致させ、あてがひ世帯に致す可き事。

一、いろいろな問題の意思決定については、主人が勝手にきめてはならない。おもだった従業員数人とまず相談し、それでも意見がまとまらないときは、通勤の（古参で上級の）従業員全員と他の支配人全員を集めて意見を討議し、そのさい直接口に出して言いにくいことがあれば無記名の投票をして、全員が納得の上で決定すべきである。従業員でも、主人でも、誤りを認めないで、正しいことのように自説に理屈をつけることがあれば、決してみすごさずに、必ず正しいことは正しく、誤りは誤りと明確にすること。

一、心におごりのある場合はもちろんのこと、身分上の地位をこえて贅沢な行動があれば、従業員はもちろん主人であっても、遠慮することなく、必ず改めさせるべきである。おごりはすべての悪事の原因となるから、まず第一に自戒しなければならない。

一、自分一人の身勝手のことは、経営によいとしても、他人への害となることがあれば、どれほど利益をもたらそうとも、決して許してはならない。

一、運用すれば利益がえられるとの理由で、資金の借入れを申し入れられても、決して融資に応じてはならない。

一、自分の事業以外の取引で利益をうるために、他人の店の商品を自店に置くことは、いっさいしてはならない。

一、通勤の（上級の）従業員についてはいつもお互いに親密にし、心が離れないようにつとめ、何事についても相談して全員が相和するようにすべきである。

一、主人たる者も我儘《わがまま》勝手の行動があるとか、または生活が乱れるようなことがあれば、従業員全員が協議してどのようにでも意見を述べて、そうした主人の態度・行動を改めさせるべきである。万が一改めないでいて家業の維持が困難となるようなことがあれば、それこそ家業を創業し継承してきた先祖にたいして甚だしい不孝者となるのであるから、従業員全体が相談して、主人の地位を引退させて、その後は一定の生活費を支給し、経営に関与させてはならない。

会議と「和」の経営

組織体のビジネスの意思決定において『都鄙問答』の延長線上の『語録』では、「和」の経営の道が徹底して強調されていること、同時に家の当主の利害よりも、事業の維持と存続とが優先されていることが、今日的な関心からみても大いに注目されます。

『都鄙問答』によれば、商家経営における人間関係のモラルの根本は、「君仁臣従」、つまり主人の奉公人にたいする「仁愛」、奉公人の主人にたいする「忠誠」です。だが同時に、というよりも、そうしたいわば経営者と従業員との人間関係が機能するためにも、主人がおごることなく、「和」すなわち経営を構成する全員による納得と協力が必要とされます。ビジネスにおいては、変動する諸条件のもとで意思決定しなければなりませんが、その際、独断でなく、奉公人、特に幹部クラスの意見を求め、どこまでも納得をえることが必要とされます。

さらに面とむかって言えない事柄については、投票制（入札）がすすめられているように、弱い立場の成員にたいする配慮がゆき届いていることも目につきます。こうした「和」と「協力」には、主人はじめトップの構成員の規律と自己抑制が必要なことはいうまでもありません。

現在、〝日本的経営〟として国際的に知られる労使の一体を尊重する「和」の原理が、すでに二八〇年近く前に、きわめて明確なかたちで積極的に主張されていることには驚かされます。商家経営における和の尊重は、これ以前に定められた鴻池《こうのいけ》家、三井家（越後屋）や大村家（白木屋）や住友家などの家訓のなかにその思想的源流がみられますが、これほど徹底した制度的な提唱は、石田梅岩がシステマティックに論じた最初といえるもので、大きな影響力をもったことでしょう。

次に、企業体の永続性ないし維持存続（経営学的にはゴーイング・コンサーンの尊重）は、これも〝日本的経営〟の理念と制度の骨子といえますが、すでに梅岩の商人道の重要な要素となっています。それも、事業の存続に障害となるような不行《ふ》跡《ぎょうせき》があれば、たとえ主人であっても、従業員の総意で引退させるべきであるという徹底したものです。『都鄙問答』よりも少し前に、三井家の二代高平によって制定された家憲（一七二二〈享保七〉年）には、これと同じように血縁上の後継者たる相続人が不身持ちならば、三井家にとって出身地たる松坂に引退せしめるべきことの規定があります（三井文庫『三井事業史』本編第一巻）。商家の永続性を象徴する「暖簾《のれん》の尊重」の精神は、この頃に商人社会に根づいたようです。（本書第一部第十章）

また当時、たとえ家業であれ、家産と家督《かとく》までもが、最高経営者でもある家の当主の自由になるものでなく、先祖からの「預かり物」であり、順番に子孫に譲り渡してゆくものとの意識が、有力な商家にあったことは軽視できません。三井家の「大元方《おおもとかた》」の資産は十一家の「総有」とされており、三井家とならぶ富商であった鴻池家は、ほとんど同じ頃（一七二三年）に家訓「家定記録覚」を制定していますが、このなかで、本家相続人は家督を譲り受けるにも、嫡子に譲り渡すにも「輪番」の心持ちでいるべきと規定しています（安岡重明『財閥形成史の研究』）。後述するように、江戸時代の商家においては、非血縁の養子がしばしば後継者となりましたが、さのさい当主のいわば所有権、つまり財産処分権はいっそう弱いものとなったことでしょう。

ちなみに、中国はじめ日本以外の他の東洋諸国のビジネスにおいては、血縁関係《キンシップ》が何よりも優先し、こうした組織への忠誠や和の精神はそれほど顕著でありません。最近の、韓国や台湾の経営における「和」の熱心な提唱は、われわれにとって興味がありますが、日本ほど長い歴史と伝統に根ざしているわけではありません。

西洋諸国と石田梅岩の思想の相違点

さて先に、石田梅岩の「商人道」と、A・スミスの「道徳感情論」やB・フランクリンの〝富にいたる途〟も、ビジネスマンに道徳の必要を説いたことでは共通なものがあると述べました。しかしここでは、相違点も明らかです。『都鄙問答』では、主人や経営者の「仁」、手代や従業員の「忠」がまず強調され、企業の構成員の「和」と「協力」が何よりも求められていますが、スミスの著作やフランクリンの〝富にいたる途〟では、こうした面は稀薄で、あくまで個々人の「神の前の良心」の徳目の実践が重視されています。家業や企業体の維持と存続というような理念もほとんど見受けられません。個人個人が、この現世《げんせ》で神の思《おぼ》し召《め》しにかなうように生きることが大切なのであり、企業とかビジネスといっても、結局は個人主体の実現のためのかりの「場所」でしかありません。

『都鄙問答』においては、何よりも人間は人々の関係（ときには結合というべきもの）あっての存在です。家業でも企業でも、それを通じて祖先はじめこれにかかわる多くの人々、さらには天下の「恩」にむくい、「奉仕」すべき、かけがえのない重要な人間関係の場なのです。

こうしたわけですから、家業を破綻させるような放蕩者は、たとえ主人であっても、身内の従業員からの勧告で引退してもらわなければならず、またそうした従業員の行動は、決して忠孝の道に反するものではない、ということになります。一八、九世紀の日本とアメリカとの、こうしたビジネスの道の重要な相違は、結局は、イギリス、アメリカの個人主義的な倫理観・キリスト教思想と、これにたいする日本のコミュニティー指向の価値観・東洋的な世界観・宗教観との相違に根ざす、ということになりましょう。この側面は、次の「性理問答」においてよりはっきりするところです。

さらに経営者の人間関係の心得として、従業員にたいする評価と報酬についての石田梅岩の意見を付記しておきます。『都鄙問答』の後半の箇所（「或人主人行状の是非を問の段」）に書かれているところです。

自分の主人は服装に金をかける奉公人と、質素本位で着物などには金を使わぬ奉公人にたいし、後者を好み、同じ給料を与えているがどうか、という問いかけにたいして、梅岩は、それこそ経営の手本となる主人である、身を持するのに倹約で、業績の向上に寄与する奉公人こそ、報酬を多くしなければならない、と答えています。ここでは彼の持論である堅実経営が、給与をけちるどころか、能力にもとづく優遇方針の重視として説かれています。

さらに、問答は経営教育にも及びます。すなわち主人が賢明で、計算に長じ、倹約の徳を理解し、体得して、使用人を処遇してゆけば、結果的に、ビジネスの権限をまかせることのできる支配人クラスの人材が育成される。そして多数の従業員をもつ有力な企業の経営への発展が可能である、という記述です。商人道の経営の成長の核心として、此の章の最後に掲げておくことにしましょう。

『目利あらば我が手代りに成るべきもの出で来らん』

曰く。算盤細《こま》かに聚《あつ》むることを好《この》み、散らすことは嫌《きら》ひにて、奉公人も綺羅《きら》やる者は気に入らず、倹約者の見《み》苦舗《ぐるしき》者を好《すき》て、其の者の給金にても下直《げじき》なるかと云へば其《それ》も替《かは》らず、かやうなる前後揃《そろ》はぬこと如何《いかん》。

お尋ねしたい。（私の主人は）収支の計算を綿密に行い、資産の蓄積にもっぱらつとめ、散在することは嫌いである。従業員についても服装の派手な者は気にいらず、倹約につとめ身なりの質素な者を気にいり、その質素倹約者への給料は相応に低いかといえば、そうでなく支給は変わらない、このように主人のなすことが矛盾していることをどう思うか。

答ふ。扨《さて》汝の親方は世の法と成《な》るべき人哉《かな》。凡《すべ》て下々《しもじも》の者は云《い》ふに及ばず、仮令《たとひ》二万騎《まんき》の大将とても、算術疎《うと》くては馳《はせ》引き備《そな》へだて成《な》りがたからん。元来《もとより》商売人として算盤知らずして何を以つて勘定致すべき。奉公人を抱《かか》ふるにも此の手代は拾枚或は五枚、下男《しもをとこ》は百目、彼は又五十目と、人別に替り有り。其の者の働きを見て、功有《こうあ》る者には給銀《きうきん》を増すべし。其の目利《めきき》あらば我が手代《てがは》りに成《な》るべきもの幾人《いくたり》も出で来たらん。

お答えします。あなたの主人はまことに世の中の模範となるべき人です。万事その通りであって商工業の庶民はいうまでもなく、たとえ二万騎というような大軍の指揮官であっても、計算がずさんでは軍隊の進退や軍備の方策が成立しません。もちろん商人の場合は、算盤の計

算を知らないでは、どうして収支や損益の算出ができましょうか。

従業員をかかえる経営では、この店員は銀一〇枚（一枚は四三匁）あるいは五枚、下級者ならば一〇〇匁、また誰それは五〇匁と、人によって給料に区別があります。その者の能力をみて業績のある者には給料を増加すべきです。そうした判断がゆき届けば、自分の代理にもなれるような経営者が何人も育つことでしょう。

重要なことは、長期勤務ないし終身雇用が前提とされるといえ、報酬（給与）については単なる年功制でなく、能力と業績を勘案すべきことが説かれています。最近のこの面の研究によると、三井家の越後屋はじめ大店《おおだな》（大店舗経営）の雇用についてみると、事実、店員の採用と訓練、昇進（身分）および報酬については、年齢・勤続年数と能力・業績をくみこんだ、複雑ですがゆきとどいた制度の発展が知られています（注1）（西坂靖『三井越後屋奉公人の研究』）。高度に発達した今日においても、示唆するところが大といえます。

最後に、教育訓練と経験によって、高い能力ある人材が養成され、経営者自身となるべきものの輩出が理想とされています。すなわちこの箇所では、永続性の理念のもとに、奉公人（手代身分の者の高い報酬と経営者身分（番頭・支配人）への昇進、さらには主人にさえなりうる途をひらくことによって、商人道の自己完結な論理がしめくくられています。

最終的には主人＝所有者さえ究極的な支配者でないことさえ示唆されています。この点も留意に値します。
ともあれ、従業員の教育から後継者の養成にまで言及している、石田梅岩の商業ビジネスの経営の道の説明の周到なことには、改めて感心させられます。

注1　近世商家の奉公人の採用、教育訓練、給与と昇格などの人事については、学界で研究が蓄積されております。『三井越後屋奉公人の研究』は、三井家京本店を事例とした代表的な成果です。ここでは、享保四（一七一九）年から幕末まで、一七九四人の奉公人（正規雇用）が、三井文庫所蔵の史料によって克明に追跡され、実証的に解明されています。

第八章　二者択一の意思決定
―相手を立てれば己も立つ

二者択一の人事・年功と能力

さて、組織的な経営における意思決定については、「和」の理念とともに記述しましたが、それとは別に、個人として二者択一の判断をせまられる場合がありましょう。この際は利害が対立する状況があるわけですが、『都鄙問答』においては、二つの話題を一つの問答のなかでとり扱っています。

一つは、奉公人の採用・昇格、すなわち経営の人事についての案件です。人事は重要ですが、現実には厄介な問題があることは今も昔も変わりません。そこで石田梅岩は、これまでとは別の箇所（巻之二）で論じています。質問者は、梅岩のような真実を覚ったという「性理」に通じた立場ではどう考えるのか、と率直に質問を投げかけています。

曰（……）性理を知れば時の宜《よろし》きに合《かなふ》と云。其時に宜きと云は行ひ難きことなり。然るを汝は易《やすき》が如く云へり。夫は我が為に宜きか人の為に宜しきか。

お前は性理を心得ていれば、何時でも良く対応できると云うが、現実にはそのとき、其の場にあっての実行は容易ではない。しかしお前は易しいことのように言っている。それは自分のために良いと言うのか、相手の他人のために良いと言っているのか。

答　宜しきと云は其雙方《そうほう》ともに宜しきと云ふ。

それぞれにとって良い場合は双方のために良いものです。

曰　雙方とも宜しきこと有るべからず。譬《たと》へて云ふべし、先《まづ》ここに木《も》綿《めん》一疋《いつぴき》買《かい》、汝と是を半疋づつ分《わけ》て取らんに、汝も織《をり》かけのよき所を望み我も織《をり》かけのよき所をのぞむ。この理《ことはり》は木綿のことに限らず萬事にわたるべし。

自分も相手も双方が良いということはないはずだ。例えば、ここに木綿の反物を一疋（二反）買って、お前と半分づつ分けようとするときに、お前の方は生地《きじ》が良く織られているほうを希望するだろう。当方も同じだ。（こういうトラブルは、）木綿売買に限らず、物事万事について起こるものだ。

曰　奉公人を抱《かかえ》或は役目等の事に附《つき》ても、同日に来る者、同じ役目を云《いい》つくる時に、凡《すべ》て一方を上に立て、一方を下に立る。其上に立つる人は宜からん。下に立つ人は快《こころよ》からず不足あるべし。

是を以て見ば、兎角雙方宜しき事ならざるなり。其の一々事の分ると云は、如何なることぞ。

奉公人を採用するとか、あるいは役職など（の任命）についても、同じ（時期）日に二人がやってくる場合があれば、同じ役職に任命するとき二人が望む場合がある。どの場合も一方を上に立てれば他方を下にすることになる。こうしたときに、上に立つ者のほうは心持が良いが、下にされる者は不愉快に相違ない。こうした場合をみても、お前のいう双方とも良いということはあり得ないではないか。

答　其の奉公人雙方《そうほう》同じ器量《きりやう》ならば門口《くち》を先に入るたるを上《かみ》に立つべし。凡《すべ》て門口をならびて出入はせず。器量に甲乙あらば器量の勝《すぐ》れたるを上《かみ》とすべし。又役目の上にて云ふ時は、先に進むは同日と云ふとも是を上とすべし。是皆天の為《なす》所にして私にあらず。ここを以て時に宜きと云。

その奉公人について、二人とも同じ能力の持ち主でしたら、先に入店した者を上に置くべきです。二人とも同時に入店したということはないでしょう。能力に甲乙の差があれば、能力の優れている者を上につけるべきです。役職上の地位については、かりに採用が同じでも有能な者を上にしなければなりません。これらの判断は、みな人智をこえた天の働きによるもので、私個人の判断ではないのです。だからその場の判断でよいのです。

採用とか昇格などの人事の決定について経営者は、あれこれと悩むことがあります。特に今の

ように試験のような制度がない当時においては、出身をはじめ、義理やリスクなど色々な要素を勘案すれば、容易なことでなかったことでしょう。

しかし、「性」を知った梅岩にとってみると、採用については先に来た者を優先すべきであり、昇格については勤続期間が同じならば能力を優先すべきであるとしています。しかもこうした決定は、経営者の個人的な判断をこえた「天」の働きに即した容易なことであって、何ら悩む必要がない、と説いています。非常に重要な指摘です。

相手に譲れば徳を積む

人事上の問題にひきついで、自分と相手と利害が対立する場合の意思決定について語られています。この問題は、のちの心学のキーワードの一つに結びつく大切なところです。

話題自体は、先の木綿の場合にひきつがれています。

曰　我云ふ所の木綿のこと、是は斯細《これこまか》なることなれども汝が心に済《すま》ずそれゆへに返答せざるか。

——私が言っている木綿のことだが、これは小さなことだが、お前の心がスッキリしないので、すぐには返事ができないのではないか。

答　是は云ふまでに及《およば》ざることなり。

―　この件については、言うまでもないので、答えなかったところです。

曰　其返答に及ばずとは如何なることぞ。

―　答えるまでもないとは、いったいどういうことだ。

答　孔子も己《おのれ》が欲せざる所を人に施《ほどこ》すこと勿《なか》れと玉《たま》ふ。我が否《いや》と思ふことは人も嫌ふものなり。我より其木綿を分《わか》るならば汝に能き方を渡すべし。汝より分るならば我に能き方を渡すべし。又汝の方へ織かけを取り、奥の悪《あ》鋪《しき》所を我に渡さば、汝の世話にせらる、故にその筈なりと思ふ。加様にさばき置時は悉く宜しからん。汝に能物《よきもの》を渡さば、汝は喜び我は義を以て仁を養ふ。是宜《よろし》きにあらずや。

聖人の孔子は自分の気に入らないことがあれば、他人にそれをさせてはならないと言っておられます。自分が嫌う物事は他人も嫌うものです。

自分が（その木綿を）分ける立場ならば、良いほうを貴方に渡すべきです。（同様に）貴方が分ける立場にあるならば、良いほうを私に渡すべきなのです。また貴方がよく織れたほうを自分がとり、できの悪い奥のほうをこちらに渡すとしたら、貴方のほうでそれなりの理由があると思います。このように取りさばいてゆけば、すべてが良いことになりましょう。貴方のほ

——うに良い品が渡れば貴方に喜ばれるし、私のほうは「義」の行いによって「仁」の徳が養われます。これで万事がよいことになるでしょう。

曰　夫にては汝の為に損となるが、損の往《ゆく》を喜び、是を義と云は如何。

——それではお前の方が損になるが、その損をかさねることを喜んでこれを義というのはどうしたわけか。

答　否、損にあらず、大に利あり。

——いいえ損ではありません。私のほうでも、大きな利益があるのです。

曰　忽《たちまち》に損の見えたるを利と云は如何なることぞ。

——眼の前で損がみえているのに、利益があるとはどういうことか。

答　孟子も君子は性を捨《すて》而義をとるなりとの玉《たま》ふ。木綿は軽きことなり。仮令《たとひ》一国を得萬金を得るとも、道にたがはゞ何ぞ不義を行はん。外物《ぐはいぶつ》の損を為《なし》心を養ひて利を得《う》る。此の外に勝《まさ》ること何か有らん。

——孟子も、君子は生命を捨てても義をとると言っておられます。木綿など小さなことです。たとえ一国を手に入れ、萬金というような富を得た場合も道義に従えば、そこに不義は行われません。外見のことで損をしても、心が養われるという利益を得ることになります。こうした利益にまさることは何もありません。

ここには簡単でわかりやすく、しかも重要な、のちに石門心学のキャッチ・ワードに発展するたとえ話があります。自分と他人とが、同じ木綿について、良い品と劣る品を選択する状況がとり上げられます。

自分が先に選ぶ立場に置かれたとしたら、劣るほうをとり、良いほうを相手に譲るべきであり、そして相手が選ぶ立場において自分に良いほうをすすめれば、そのときは良いほうを手に入れてよい。しかし相手が良い品物に固執したら、それなりの理由があることだから、相手に譲るべきであるという、一見非合理な事例が語られています。

これでは明白に自分が損で、相手が得をするわけですが、こうした常識や分別をこえたユニークな主張が『都鄙問答』の一つの特徴であり、生命ともいえるところです。この場合、相手は気にいった品を得て喜んだに相違ないし、自分も損をしたのでなく、「心が養われる」「徳を積む」という大きな利を得る、ということになるというわけです。

石門心学の商人道では、これがいつしか、取引の相手（顧客先）にたいする「損して得とれ」とか、「相手を立てれば己《おのれ》が立つ」というようなキャッチ・ワード（特に後者）に結実したようにみえます。これらは、長期的な観点からみれば、合理的な経営《ビジネス》の原則と結びつくともいえます。

ただし、右の原文からすれば、利益が対立する相手にたいしても、互いに自我《エゴ》に執着して争うのでなく、自己《セルフ》の立場（対立しないいわば互《ご》譲《じょう》の精神）で応答せよ、というのが梅岩の意図と読めます。人間の自我と自己の区別と統合の哲学については次章で説明するところです。

第九章　経営の哲学「性理問答」

――「性理問答」について

経典たる由縁の「性理問答」

これまでのところで、『都鄙問答』の説く商人道という経営のありようは一応明らかになったと思います。要するに、商業ビジネスマンも、始末・才覚・算用などの職業的な能力を別とすれば、特別な生き方があるわけではない。人倫と和を重んじ、人格を陶冶《とうや》し、経営という組織体の永続の理念のもとに、身勝手や享楽主義におちいることを自戒して、創造・工夫につとめ、能力ある後継者を育成し、相手先への奉仕に励めばよい。目前の営利に眩惑《げんわく》されることなく、こうした正路《しょうろ》のビジネスの心得を守ることにより、公正かつ社会的に妥当な利益が得られ、結果的には、変動常なきビジネスの世界でも、永続と富の蓄積が可能となる。これが『都鄙問答』の主張です。

実際、経済や経営についての意見や教訓は以上につきているといえます。ですから、『都鄙問答』から直接ビジネスについての心得のみを得ようとする読者は、ここでひとまず第一部を読みおえて、第二部にすすまれても結構です。以下の「性理問答」は、これまでとは記述がやや異質で、（商人を念頭に置いたにせよ）、人間にとっての安心立命《あんしんりつめい》の〝道〟の哲学を説いたものだからです。

とはいえ、この少しく難解な「性理問答」があってこそ、『都鄙問答』がビジネスマンにとっての経典となり、商人道を説いて、類書がない書として後世に読みつがれたこともまた事実でしょう。明治時代以後、知識人たちも、「聖書」あるいは「論語」をはじめ内外の名著のひとつのように、日本人としての生き方を求めて丹念に読んだのは、しばしばこの部分でした。

さて、これまでに述べられた道の提唱に際し、それでもなお、理屈を押しとおす人間の常として反論がありうる、と思われます。それは次のようなものです。

なるほど石田梅岩のこれまでのような商人道の提唱は重要なことで、商人社会にとって範とすべきかもしれない。とはいえ、市場経済の世界は競争が熾烈であり、景気の変動はまったく見とおしがたい。武士階級は世襲的な俸禄によって子孫まで生活が保障されているし、農民も土地という永久の資産によって立っているが、商人の経営《ビジネス》は孤立し不安定である。そうした現実のもとでは、いくら正直、勤勉といっても焦燥感にかられるようになりやすいし、倹約の努力にしても不安感を除くものではない。その上、自分ひとりが善意で商人の道を守り、心を重んじても、他人のそれは期待できない。むしろ善意をもって道を生きるにしては世は悪にみちているのではないか。現に、学者の学説にも、性善説もあるが、性悪説もあるのではないか。石田梅岩の商人の道の主張も、結局はビジネスの現場とはかけ離れた、きれい事を言えばすむ、書斎の学者の説教でしかないのでは、という疑問です。

『都鄙問答』や心学が、思想の名に値するものならば、そうした焦燥感や不安感からビジネスにかかわる人々を解放し、心の安定と平和をもたらすものでなければならないでしょう。それには、人間の本性とか究極の真実といった、いわば哲学的ないし宗教的な問題の深みにまで立ちいらねばなりません。そこで『都鄙問答』も、商人道についての具体的な問題をおもな対話のテーマとする前半（巻之一、巻之二）にたいし、後半（巻之三）では、主として人間と世界の究極的な真実が論じられています。それが「性理問答の段」で、かなりのスペースをさいて、対話がすすめられています。

日本の近代哲学に結びつく「性理問答」

ところで『都鄙問答』は、レベルの高い教育をうけていない江戸時代の庶民を相手に、ビジネスのような日常的な物事を、卑近な事例をもって平易に解説する、具体性と実用性とに本領がありました。

その点からみると、「性理問答」は、前述したようにその内容が平易といえず、例外的にやや難解な箇所となっています。しかし、それもやむをえないというべきでしょう。なぜなら、そうした宇宙論や存在論、さらに人間の本性が善か悪かというような哲学的な論議は、抽象的な概念や用語の使用と、われわれの五感ではつかめない、観念的ないしは形而《けいじ》上《じょう》学的な説明をさけることができないからです。そして当時、こうした哲学的議論は、商人はじめ庶民にはまったく無用であって、学者や武士階級の専有物と考えられていました。

とはいえ、倫理・道徳にかんする問題は、心ある人々にとって、その根拠を問わないで済むことではありません。そこで梅岩は、高度な学問的なテーマも、あえて問答のなかにとり上げ、市井《しせい》の人々に説明しようと試みています。だから「性理問答」は、この経営の道の書にとって余分な部分ではなく、むしろ必要な部分として、十分に周到な配慮と検討のもとに編まれているといえるのです。

「性理」は、江戸時代の日本に支配的であった朱子学儒教の根本的な概念であり、国学や蘭学がまだ発達しなかったこの時代においては、物事や世界の究極についての普遍的な用語であって、近代的にいえば哲学そのものを意味しました。ここではさしあたり「性」とはすべてのものの本質、「理」とは存在の究極的な意味というほどに理解しておきましょう（最終的にはともに一体となりますが）。

こうした抽象的で観念的な議論、それも江戸時代という制約のもとでの対話に興味がもてない読者が少なくないと思います。しかし、ギリシャの哲学、中国の「四書五経」、あるいは「仏典」や「聖書」が二〇〇〇年以上の歴史をもち、しかも日本からみれば異文化の世界の所産であることを考えれば、「性理問答」はわれわれにとってより身近な世界ともいえます。しかも、『都鄙問答』の態度は、いたずらに観念の議論におちることなく、本質を直截《ちょくさい》につかむというもので、わが国の禅仏教や、その影響をうけた日本の近代哲学（西田幾多郎、鈴木大拙など）に結びつくところがあります（竹中靖一『石門心学の経済思想』）。これは重要なことですが、その点は後述するとして、しばらくは辛抱して読みすすんでゆきましょう。

「性理問答」は、これまでの問答とはトーンが違って、凡庸な人々の俗人的な迷妄を、石田梅岩という悟道をえた達人が説得してゆくという論調です（したがって、質問者の「ある」調と、答える側の「あります」調の拙訳は、ここでは適切でないかもしれません）。

さて問答は端的に、人間の本性は善か悪か、という誰にとっても身近なテーマを中心にすすめられます。

『師たる者は此の理を説かるべし』

或る学者問ひて曰く。大聖《たいせい》孔子は、三綱五常《さんかうごじやう》の道を説き、性理の沙汰《さた》には及び玉《たま》はず。孟子に至りて、人の性は善なりと云ふ。又我が浩然《かうぜん》の気を養ふとの玉ふ。告子《かうし》は生之《これ》を性と謂《い》ふ、又曰く、性は善で無く不善で無し。……荀子《じゆんし》は人の性は悪、其の善なるは偽り也と云ふ。楊子《やうし》は善悪混《こん》ぜりと云ひ、且老荘仏氏《かつらうそうぶつし》の説、彼此《かれこれ》その数挙《あ》げてかぞへ難し。何《いず》れを是《ぜ》とし、何れを非《ひ》とせん。是に因《よ》つて我が朝《てう》の儒者も或は孟子を是とし、告子韓氏《かうしかんし》を是とし、又は孟子を非とし、又孔子以下を皆非の如く云ふ者あり。その論議一として定め難し。然るを汝宋儒《そうじゆ》を是とし、孟子を尊信《そんしん》し、人の性は善と云ふ。我《われ》思ふに兎《と》角決定《かくけつぢやう》しがたし。元来《もとより》人に替《かは》りなければ、汝も決定は有るまじけれども、孟子に与《くみ》する儒者も多く、且《かつ》世の俗語《いひならはし》にも孟子を善《よし》と思ふ者多きゆへ、汝が心にも実に孟子の性善を得心《とくしん》致し肯《うけが》ふ心にはあらねども、先《ま》ず性は善なりと云ひて、居《い》らるると見へたり。それは学者の正直とはいはれまじ。

ある学者のいうには、聖人孔子は、君臣・親子・夫婦の三つの人倫と仁・義・礼・智・信の五つの徳を説かれたが、性理のような究極的なことには言及しなかった。その後、孟子になって人間の本性は「善」であるといい、われわれ人間の生命は天地にみなぎる気が根源であると説明した。それにたいし告子《こくし》（原文こうし）は、人間の本質を「性」と言い、性は「善」でもなければ「不善」というわけでもないと述べている。……ところが荀子《じゅんし》は人の本性は悪であり、善というのは嘘であるといっている。楊子《ようし》は善悪が混在し、どちらともいえないといい、その上、老子や荘子あるいは仏陀にはそれぞれの説があって、それぞれ数えきれないほどの意見があり、どれが正しくどれが誤りとも言いがたい。

このためわが国の儒者たちも、ある者は孟子の性善説を正しいとし、ある者は荀子や韓非子《かんぴし》の性悪説を肯定し、孟子を誤りとする者があれば、孔子以下の説をすべて否定する者もいる。このように議論は一定していないが、お前は宋儒（朱子学派儒教）をうけいれ、孟子を尊敬し信じて、人の本性は善と言っている。だが自分の考えでは、人間の本性が善か悪かは決めがたい。もちろん人間誰しも同じだからお前も決定はできまいが、概して孟子に賛成する学者が多いし、世間の俗人も孟子の性善説がよいと思う人が多いので、お前自身が納得し肯定しているわけではないが、まず孟子の説によりかかって人間の本性は善であると言って、それを通しているとみうけられる。それでは学者にとって正直な態度とはいえないのではないか。

答ふ。左には非《あら》ず。子曰く。朽木《くちたるき》をば彫《え》る可《べ》からず、糞土《ふんど》の牆《かき》をぬる可からずと。汝が如く我が体《たい》を見失ひて、其《それ》を知らざる者は朽木に彫物《ほりもの》する如く、相手無ければ死人に同じ。誰に向つて語らんや。性善と云ふは我が性を知りて、孟子の善との玉《たま》ふは是《ぜ》か非《ひ》か。我が性に合《かな》ふか合はざるかと、手前に法を求めて後の詮議《せんぎ》なり。先づ性善のことは差《さ》し置《お》く。孔子一貫《いっかん》との玉ふはいかが得心せられ候や。

そうではありません。孔子は（『論語』の中で）こういっています。「腐った木に彫刻することはできないし、腐葉土で垣根をこしらえることもできない（名利《みょうり》にとらわれている小人に道を説いても無駄の意味）」。

貴方のように自分の本体を見失っていて真実が解らない者にたいすると、腐った木に彫刻すると同じで、相手にならず、死人に説明しているようです。だれに向かって話すべきでしょうか。性が善というのは、自分自身が、究極の本性を自覚したのち、性善の説明が正しいか誤りか、それが自分の本性に適しているかどうかを省みているのであって、はじめに法すなわち真理を求めえてからの議論なのです。

――性善説をいきなり論ずることの是非はさておき、孔子が「一貫」とおっしゃっておられることをどう考えておられるか、それをうかがいたい。

曰く。それは曽子《そうし》曰く。忠恕而《ちうじょの》已《み》、何ぞ疑はん。

――それについては、（『論語』のなかで）弟子の曽子が忠恕《ちゅうじょ》すなわち真心をもって誠意をつくすのみ、と言っている通りで、疑問の余地はないことだ。

答ふ。曽子の忠恕は至《いた》て善なり。後世《こうせい》の性理に昧《くら》き者も、忠恕を一貫《いっかん》のことなりと云ふは可なり。一貫を忠恕のことと云ふは不可なること必《ひっ》せり。如何《いかん》となれば今時にては和漢《わかん》ともに忠恕と計り云ひては、聖人の道統《だうとう》と思はず。思はざるゆへに道統を無《なみ》する罪あり。然るを汝《なんじ》性善を知らずして一貫を以て忠恕と云ふは、曽子の粕《かす》を食《くろ》うなり。一貫と云ふは性善至妙《しめう》の理《ことはり》にて、聖人の心なれば、言句《ごんく》を離れ独り得る所なり。曽子は是を聞き事理《じり》察《あきらか》なれば、其の指《むね》に契《かな》ひ疑ひ無きゆへに唯《いい》と対《こた》へ玉《たま》ふ。外の門人中も一列に聞かるれ共《ども》、聞へざるに依《よ》つて孔子出《い》で玉《たま》ひて後に何と云ふことぞと問はれたり。一貫にては聞へざるにより曽子の曰く、忠恕而已《のみ》と説きかへ玉《たま》へども、其心を覚《さと》らず、既に子貢《しかう》にも一貫と告げ玉へども、子貢いまだ達せざるゆへ対《こたへ》なきなり。曽子は道統を得玉ふゆへに忠恕を以て至誠《しせい》一貫の理を説き玉ふ。得《え》たる者《ひと》は自由にして、一貫を忠恕と説けども合《かな》へり。合ふと合はざるとは得《う》ると得《え》ざるとにあり。汝忠恕と説くとも性善を知らざれば、曽子の忠恕と違《たが》へること決《けつ》せり。只《ただ》忠恕のことと押《おし》つけ置くとも彼是《かれこれ》済まぬこと多かるべし。師たる者《もの》は此の理《ことはり》を説《と》かるべし。汝は性理に昧《くら》きゆへ聞へざると見へたり。

お答えしましょう。曽子のいう忠恕、つまり良心の存在は、まさに人間の本性が善たることをさしています。後世の性理の哲学に通じていない学者たちも、（昔から伝え聞いていて）至誠の心をもって、孔子のいう「一貫」と説くことは正しいことです。だが逆に、「一貫」たる究極の真実を、「忠恕」という倫理とか徳目のことというのは明らかに間違いで、正しくない。というのは、近年の日本と中国の学者は「忠恕」つまり至誠の必要ばかり云いたてて、肝心の聖人の道そのものの伝えのことを考えるにいたっていません。ここをよく考えないために、孔子の道の伝えを無視するという罪をおかしています。貴方も、根本である性の善を知らないままに、「一貫」を「忠恕」と言っているわけで、それでは曽子の粕を食っていると同じです。

孔子の「一貫」とは、性善という言葉でいえない「至妙」の理であり、聖人の心そのものであり、表現をこえて、聖人孔子が心底から体得したところです。曽子はこの点をのみこみ、事理つまり現象と本質とをはっきりわきまえていたので、心の底から納得し何ら疑念がなく、師の孔子の「一貫」にたいし、なるほどと肯いたわけです。ほかの門人たちも師の教説をいちように聞いていたのですが、これを理解できなかったので、孔子がその場から出ていったあと、何のことかと曽子に聞いたのです。つまり「一貫」というだけでは弟子たちは、何が何やらわけがわからないので、曽子が「忠恕のみ」と説明したわけですが、それでも弟子たちは孔子の心をさとることができない。

これより前に、孔子は弟子の一人の子貢《しこう》にも「一貫」と述べたことがあったのですが、子貢の心の境涯《きょうがい》がそこまで達していなかったので、何も答えられませんでした。これにたいし曽子は、師の教説の伝えを心から納得していたからこそ、「忠恕」という言葉で、人間の至誠一貫の真理を門弟たちに説かれたというわけです。そこの真実を納得した人は、それこそ心の自由をえており、言葉のうえで「一貫」を「忠恕」と説明してもそれが真実にかなっているのです。

こういうわけですから、説明が真理にかなっているか否かは、真理を体得しているか否かにかかわるのです。かりに貴方がいかに「忠恕」を言葉をもって説こうとしても、人間の性善が真理であるということを知らない以上、曽子のいう議論と違っていることは決定的です。「忠恕」の倫理道徳だけを人々に押しつけているわけで、それでは無理がさけられません。人の師たる者は、この原理をこそ説きあかさなければならないのです。だが貴方は、この性理の究極に通じていないので、そこがまったくわかっていない、というほかないのです。

聖人の心をわが心と納得する

最初の問答に注意しましょう。人間の本性が善か悪か、性善説と性悪説のどちらが正しいかは、古今東西の学者を悩ましてきた難問というべきでしょう。

聞き手は、石田梅岩にたいし、お前は性善説をもって話をすすめているが、肝心の孔子自身は、人間の道徳や人倫の道を説いても、こうした究極的な議論にはいっさい触れておらず、その後の学者の意見は、一方で性善説があれば、他方で荀子、韓非子の性悪説もあって、中国でも日本でも決着がついていない。梅岩の性善説にしても、特に根拠があるわけではなく、本心をいえば、そのほうが多数説で、無難だからという程度の理由であろう、との質問を投げかけます。これは、われわれ凡俗の人間の立場を代表しています。これにたいする梅岩の説明は、曖昧さを残さない明快なものです。

梅岩の説明は、性善か性悪か、どちらが正しいかと論ずること自体が本末を顛倒した凡人俗人の迷いであって、真理の自覚の立場からすれば問題は自明である、ということです。そして孔子自身も、はっきり性善の真理を自覚して発言していたとして、『論語』（里仁篇）にみえる「忠恕」についての説明を引用しています。一見こみいった議論にみえますけれども、論旨は明白です。原文と現代語訳に、さらに解説を加えることは蛇足ですが、要点はこういうことです。

孔子は、性が「善」か「悪」かと問うこと自体が、両者を二元的に観念化することになり、際限のない対立した議論のもととなるので、そうした頭のなかでの観念の議論を好まず、根本の真実をつかんだ立場から、時代と場所をこえた一真実（一貫）について、人間の真《ま》心《ごころ》の存在と性能を、「忠恕（至誠）」と説いた。孔子が、「性理」についてあまり弟子に教説しなかったのは、言葉で説明すると結局は言葉の上の相対的な議論となるので、これを避けたにすぎず、「性理」について彼の無知や無関心を示すものではない。それは、『論語』のこの箇所において明らかで、孔子のいわば絶対的な立場（至妙《しみょう》）からの人間理解が性善説であることははっきりしている。孔子の弟子の曽子は「以心伝心」で、この点をよく理解しているが、他の弟子やのちの学者たちは、孔子が「人間は至誠をつくさなければならない」といったとして、忠恕（至誠）を、道徳の第一義のように誤解して教えている、というわけです。

こうした私の解説にしても、言葉によっているかぎりは、限度があります。石田梅岩は、彼自身が、真実を自覚・大悟し、至妙の境涯を体得することによって、孔子・孟子の心をわが心と納得することができたので、その立場・境涯から、この間の消息を論じています。梅岩が、いかに一人の凡俗としての真実を理解しようと多年辛苦し、そのはてに至妙の「覚《かく》」に達しえたかは、第二部において改めて記すことにしましょう。

ここに引用した問答で根本的な議論がつくされているのですが、凡人・俗人たる質問者は、それでも腑《ふ》に落ちず、ひき下がりません。昔の孔子のような聖人は聖人であるから別であって、われわれのような一般の俗人にとって、倫理や道徳をこえた、性理のような究極的な物事の消息は、結局は論ずべきでなかろう。それに今の世は末世《まっせ》といって、聖人の昔の時代は過去のことではないか、とどこまでも凡人の立場から質問を続けます。問答の内容は省略しますが、これにたいし梅岩は、「今の世は末世」というのは仏教にある思想で、あれとこれを混同してはならないこと、真実の道は、昔も今も誰にとっても可能なこと、妄想つまり迷いを離れればすべてが明らかなことを、一歩一歩かんでふくめるように説きすすめます。

最後に梅岩は、人間は「一箇の天地」であり、われわれがこの根本的な事実をさとるとき、どうして不足があろうかと、「天人一致」、「我は万物の一」の理を語るにいたります（注1）。ここまでくると、さすがに質問者は説得されたかたちになります。だがそれでも、人間の本性が善とか、天も人も同じというような、真理の教えを聞けばおのずと心が納得して、歓喜にみたされるはずなのに、いっこうにそうした素晴らしい気持ちが湧いてこないのは何故か、とこれも率直な不満をうったえます。これにたいし梅岩は、それも当然な質問として、苦悩のあとの歓喜という、自身の体験をまじえつつ、次のように答えます。

『年久しく思ふ所より、忽然として疑ひ晴るる』

能《よ》き問《とひ》かな。徒然草《つれづれぐさ》に伝へ聞き学んで知るは真《まこと》の知にあらずと云ふ。今汝斯《か》くの如くきこへたるやうに思はるるとも、未《いま》だ実知《じっち》にあらず。是を以つて味《あぢは》ひなし。性を知りたしと修行する者は得ざる所を苦しみ、是はいかにこれは如何《いかん》にと、日夜朝暮《てうぼ》に困《くる》しむうちに忽然《こつぜん》として開けたる、其の時の嬉しさを喩《たと》へていはば死したる親の蘇生《よみがへ》り、再び来り玉《たま》ふとも其楽しみにも劣るまじ。……我に至極の楽しみを画《えが》けと望む人あらば、轄然《くわつぜん》とひらけつつ、手の舞《まひ》足の踏む所を忘れし者を画《えが》くべし。此の所を伝《でん》に曰《いは》く、轄然として貫通《くはんつう》するときは則《すなは》ち衆物《しうぶつ》の表裏精粗《せいそ》到らざること無しと。

扨《さて》この所は、我が心を尽すほど〱に嬉しさちがふなり。年《とし》久しく如何《いかん》如何《いかん》と思ふ所より、忽然《こつぜん》として疑ひ晴るることあり。然るに一ケ月や二ケ月に疑ひを起し、是に於《をい》ても彷彿《はうほつ》と開くことありといへども喜こぶこと少なし。少なきゆへに勇気出《いで》ず。又信心堅固《けんご》にして入《い》り立つ時は、仮令《たとひ》辻に立《たち》てなりとも、此の味はひを世に伝へ残さんと思ふ勇気も出《いづ》るなり。我が文学の拙《つたな》き恥を知らずして、斯《か》くの如く謂《いい》散らすは実《まこと》に鄙夫《ひっぷ》といふべけれど、我が志を述べんためなり。

よい質問です。かの兼好法師《けんこうほうし》「徒然草《つれづれぐさ》」のなかに、耳で説明をきいてわかるというのは、本当の知というものでない、という箇所があります。そのように、貴方がいまの問答で納得したように思っていても、心底からわかったわけではないのです。だから本心からの喜びがわき出ません。「性」を知ろうと修行する者は得られずに苦しみ、こうしてはこう、ああしてはああと、毎日毎晩さんざん苦しみ悩み通したあげく、ある時急にさとるものです。その時の嬉しさはたとえようがなく、死んだ親がよみがえってきたとしても、その喜びには及ばないほどです。

もし私にこの上ない楽しみの境地を絵に描くよう望む人がいたとしたら、からっと天地がひらけ、手が舞い足の置き所のない人の有様を描くことでしょう。この境地を伝えるところによれば、からっと開けた一瞬において、天地のすべてに表裏とか、精粗といったあらゆる区別が消え去ると述べています。ところでこの境地は、各人のそれまでの努力の仕方によって、嬉しさに相違があるものです。何年もの間あれこれ思索の末、突然すべての疑問が消滅したときは、天地が晴れる心境があるのです。それにたいし一ケ月とか二ケ月の間疑問にとりくみ、ふっと疑念がとけても、喜びの程度は小さいものです。喜びが少ないので、真実を伝えようとする勇気が出ないものです。

それに反して大きな疑念と強固な信念をもって真理の世界に到達したときは、たとえ町の辻にひとりで立とうとも、この真実をえた喜びをのちの世まで伝え残そうという強い勇気がわきおこるものです。私の場合も、学問の稚拙《ちせつ》なことの恥を顧りみず、このようにしゃべり散らすのは、世間知らずの無法者というべきでしょうが、自分の志をいちずに知らしめたいという気持ちからなのです。

「性理問答」は、このあとも凡人の立場からの質問に梅岩が懇切に答えるという形式でかなり長く続けられます。しかし、問答のエッセンスは右の対話につきており、あとの問答は、儒教の諸学説や仏教の諸宗派の教義をめぐる質疑応答であって、現代の読者には煩雑《はんざつ》でしょうから割愛することにします。

いずれにせよ、こうして『都鄙問答』は、もっとも身近な話題から始まって、哲学的な人生の問題についての結論に達するにいたりました。「至誠」（「莫妄想《まくもうそう》」でもあります）は、人間は誠実であれ、というようなたんなる徳目でもなければ、まして教訓にとどまるものでもありません。そこでわれわれが、安んじて生き、天命を心から感ずることができる、心のあり方ということになります。石門心学が、その後長く、戦前の日本はもちろん、戦後の現代までこの一語をもって、究極・至妙の言としてきたゆえんもここにあります。
ここで『都鄙問答』を読みおえるに際し、全巻の冒頭の一文をもって締めくくることが適切かと思います。

大《おほ》ひなる哉《かな》乾元《けんげん》万物《ばんぶつ》資《と》りて始《はじ》む。乃《すなは》ち天を統《す》ぶ。雲行《ゆ》き雨施《ほどこ》して品物《ひんぶつ》形《かたち》を流《し》き、乾道《けんだう》変化して各《おのおの》性命《せいめい》を正《ただ》す也。天の与《あた》ふる楽《たの》しみは、実《げ》に面白きありさま哉《かな》。何を以ってかこれに加へん。

この天地は何と限りなく広大なことであろう。無窮《むきゅう》の宇宙から一切万物が源を発して生成している。言いかえればまさに天を支配している。雲が動き雨が降り、自然がそれぞれの姿と形をなし、しかも宇宙の本質は静止でなく変化であり、生きとし生けるものは、それぞれがあるべき生命を生きぬくものとなっている。天が万物に与えている楽しみは、まことにはかり知れない面白さにみちみちている。ここには何一つ不足しているものがない。

これこそ訳文でなく、原文を味読願います。この文章は、梅岩の記述というよりも、中国の古典（易経）の文章からの引用のようです。しかし、その詮索《せんさく》はあまり重要ではありません。これこそ石田梅岩の、天地宇宙にたいする限りない信頼と、そして世界と人間にたいする一大楽観の表明にほかなりません。
『都鄙問答』の冒頭と結末、諸言と結論は、こうして商工業ビジネスマンばかりでなく、この世に生をうけたすべての人間にたいし、何ら差別なく、かつ無条件に、満足と幸福と希望を保証するものとなっています。

注1　ここに説かれる「一」真実は、〝覚〟の内容であり、抽象的な同一性とか共通性とはちがい、すべてを可能にする「一」ということになります。こうした哲学的、宗教的な問題については、もとより私の解説のよくするところではありません。仏教哲学の立場からの解説としては、石門心学会刊行の雑誌『こころ』に寄稿している古田紹欽氏の諸論文（「二つでない心」同誌第一号、一九五三年、「本心とは何か」八号、一九五四年、「心を放って得下す」一四号、一九五五年など）があり、竹中靖一『石門心学の経済思想』は、西田哲学との接点を論じています。

そのほか「性理問答」の哲学的解釈についてはいくつかの学術論文がありますが、むしろこうした東洋的な「一」の哲学については、戦後日本のすぐれた哲学者で禅者の故久松真一氏の諸著作、例えば久松真一・八木誠一『覚の宗教』（春秋社、一九八〇年）、あるいは八木誠一『宗教とは何か』（法蔵館、一九九八年）を、現代の哲学、宗教哲学の視点からの解説としてあげたいと思います。

なお岡倉天心《てんしん》は、日本の文化を西洋に知らしめたかの『茶の本』（明治三九年）において、東洋文化の伝統として「不二《ふに》一元《いちげん》」(advaitavāda) の思想を論じています（大久保喬樹『新訳茶の本』角川ソフィア文庫、三二頁）。これも指摘するに値すると思われます。

第十章　心学以外の商人道について　―長者教・井原西鶴・西川如見・三井家家憲など

江戸初期の「長者教《ちょうじゃきょう》」

石田梅岩の『都鄙問答』と同時代、さらにはさかのぼって江戸初期において、世に知られた商人道ないし商人論のような著作がなかったわけではありません。江戸初期、一七世紀においても経済の商品化、貨幣化は徐々に発展していました。そして、かつての海外進出をもした〝豪商〟タイプとは異なる、近世の商人や金持ちが都市でも農村でも現れるようになると、それに応じて「商人道」が説かれ、書物も現れるようになりました。

この十章では、梅岩以前に現れた商人のための訓話ないし著述として、初期に流布した「長《ちょう》者《じゃ》教」や「新長者教」と題して発行された井原西鶴の『日本永代蔵』（注1）、そして『都鄙問答』と同時代に刊行された西川如見《じょけん》の『町人嚢《ちょうにんのう》』を簡単に紹介しておきたいと思います。これらは石田梅岩と、心学の主体性と意義を理解する上で有用でもあるからです。さらに、『都鄙問答』に影響を与えたと思われる三井家の家訓「宗竺遺書《そうちくいしょ》」にも触れておきます。

「長者教」は、著作者は不明ですが、初版が一六二七（寛永四）年に刊行されており、同世紀末までくり返し何回も刊行されていることが知られています。したがって、『都鄙問答』に先立つ商人の心得としてここに紹介し、吟味することは必要でもあります。

ちなみに、中世において長者《ちょうじゃ》といえば、相当な領地や資産、それに地元の権力までももつような有力者を意味しました。それが江戸時代になると、農・工・商のような庶民の出身者でも、金持ちにさえなれば、周囲から長者と言われるようになりました。そこで意欲をもち、いくつかの心得を守れば、誰でもなれるという意味合いで、「長者教」なる成功への心得が人々に迎えられたことでしょう。出版の精度が未発達の時代の特徴で、いくつかの「異本」もあるようです。

「長者教」は、小冊子のうえ、平仮名《ひらかな》で書かれ、文章が素朴で、市場経済が未発達の時代を思い起こさせるものがあります。内容は、目標の達成に成功して金持ちになった数件の事例を紹介し、それらに共通する長者となるための心得を説いています。そして「長者になりたいとおもえば、なりたまうものなり」、誰でもなれると結んでいます。

「長者教」がとり上げている事例のうち、最初に掲げられているものは、大工《だいく》職人のか、ま、屋、の成功談で、要約的に紹介してみましょう。

ある職人（かま屋）が、宮造《みやづくり》の大工の弟子となり、一日に五合の飯米で働くことになりました（給与の支給が貨幣でないことで、市場経済の十分な発展以前のことを示しています）。彼は、二合五勺で足りることに気づき、残りの二合五勺をすべて貯《た》めることにしたところ、半年たつと四斗二升五合になった。そこで余分を一割の利子で貸したところ、二年間のうちに一石（二俵半）

となった。以後、こうした蓄財を続けて結果、二〇年のちに五百石、ついには千石の長者になった、というものです。

徹底した貯蓄を辛抱づよく続ければ、「塵《ちり》も積《つも》れば山となる」という訓話です。

二番目のなわい長者は、妻帯者の事例ですが、ストーリーは同じです。

こうした事例を並べてみて、長者教は、結論として、「つねのたしなみ（通常の心得）」十カ条を挙げています。

一　ふんべつ（分別）のこと
二　しやうじき（正直）にすべきこと
三　かんにん（堪忍）すべきこと
四　ひとはぬすびと（盗人）、火はせいまう（消耗）と心うべきこと
五　しやうしき（定式）をやめ、いけん（意見）に付くべきこと
六　かうかい（後悔）いらざること
七　まんしん（慢心）をいむべきこと
八　ぜうたん（雑談）むやく（無益）のこと
九　ようしや（用捨）半吉のこと
十　人ごとふかくていんだて（音立）いらざる（無用）のこと

識字率が低かった当時の平仮名で、意味が判然としないところがありますが、いくつかの興味

ある事実が知られます。著者は色々な経験をもち、ある程度の金持ちになったらしく、十カ条はビジネスに限らず、人生の成功には欠かせない教訓といえるかもしれません。また分別、正直、忍耐、謙虚、勤勉、誠実などの心得は、初期の商人道の特徴を示しています。しかしここでの蓄財は、何よりも個人ひとりのレベルのそれが前提でありますし、第四の他人《ひと》は盗人《ぬすびと》というように、多分に性悪説的です(「されど大人善人にちかづく」と付記されている版もあり、過渡的な要素もある)。

一七世紀はいまだ信長、秀吉、家康の時代から遠くなく、才幹にたけ、かつ忠義を装っても、「他人を信じてはならない」という意識が人々のなかにあったことを反映している、ともいえるでしょう。

いずれにせよ、「長者教」には企業家的要素は乏しく、個人の金貸《かねかし》ビジネスの成功の枠を出ませんし、経営の主体的な立論とはほど遠いものにとどまります。

井原西鶴の『日本永代蔵』

初期の「長者教」が刊行されてから半世紀をへた貞享・元禄の時代になると、大都市、特に江戸の成長が著しく、書物の出版を含めた江戸文化の時代がやってきます。元禄文化を代表する文人の井原西鶴《いはらさいかく》は、時代をみるの敏で、中年をすぎてから「新長者教」を世に出しています。これこそ、長者教から『都鄙問答』への発展の中間に位置する商人道の提言とみることができます。

井原西鶴（一六四二〈寛永一九〉〜九三〈元禄六〉）は、談林風《だんりんふう》（多作が特徴）の人気ある俳諧師の出身で、好色ものと称された一連の浮世草子の作者として成功したのち、三都はもとより全国各地の長者のルポルタージュ風な『日本永代蔵』を刊行し、大評判をかちとりました。

「大福新長者教」のタイトルが示唆するように、各地に輩出した長者たちを次々に紹介し、論評していますが、これらの人物には、かつての貯蓄一本やりの長者教のタイプは影をひそめています。『永代蔵』には、「初代苦労し、二代は楽をし、売り家と唐様《からよう》で書く三代目」とシニカルに表現されているように、禁欲一途《ストイシズム》の堅物の長者はやや嘲笑的に扱われています。代わって、〝永代蔵〟、つまり家業に成功したのち老舗《しにせ》として存続するタイプの商家が理想として描かれています。経営の存続が重んぜられているところが、石田梅岩の『都鄙問答』の商人道に通じています。

『永代蔵』と『世間胸算用《せけんむねさんよう》』には、全国にわたり数十人の人々が登場し、無一文から成功し、成功から失敗、失敗から成功を軸としたさまざまなタイプの人物が実名で記録されています。

さて、西鶴の商人道は、すでにしばしば引用されていますが、妙薬長者丸《みょうやくちょうじゃがん》によって代表されるでしょう。ここで値《あたい》五十両の長者丸の内容は、朝起五両、家職二十両、夜詰八両、始末十両、達者《たっしゃ》七両とされ（家職には知恵、才覚を含む）、商人の商業的能力が強調されているほか、今や商《あきない》が手広く、多くの奉公人を抱える時代となりつつあり、経営にリーダーシップが必要とも論じられています。

貨幣経済ないし市場経済の到来、そして商人・職人の現実と理想とを客観的に、文学的に描いていることで、当時としては傑出しています。しかし、学問・教育に触れるところはなく、商人は、身分が低いが故に金銀《かねもち》で幸福を享楽《エンジョイ》できるという思想は、退嬰《たいえい》的であって、そこに主体的で進歩的な要素が不足していることは、これまた否定できないところです。石田梅岩の『都鄙問答』と、この点ではまったく異なっています。

西川如見の『町人嚢』

石田梅岩とほぼ同世代の西川如見《じょけん》（一六四八〈慶安元〉〜一七二四〈享保九〉）の著作に『町人《ちょうにん》嚢《のう》（袋）』があります。如見は、長崎に生まれ、東西の学問を修得・研究し、天文学者、地理学者の知識人として知られました。同書は、彼の一連の著作の一つで、京都の出版元から一七一九（享保四）年に初版が発行され、享保年間のうちに再版、三版が世に出ています。今日でも有名な貝原益軒《かいばらえきけん》の『十訓』（人生における心得十カ条）と並んで、士庶を問わず、健康を含め、社会人としての人間の心得を客観的かつ要領よく記した書物として、ひろく読まれた文献です。高名な学者の〝商人〟についての論述として、ここでとり上げるべき書物です。（注2）

「町人嚢」において西川如見は、商人の富の蓄積と社会的地位の向上（医者、僧侶、学者そして芸能人における商人出身者の増大）によって、士農工商という本来の階級について社会変動が起こっている現実を客観的に認識・観察しています。彼はペダンティックな人物で、人間にはよって立つ品位があるとし、第一は天子、第二は諸侯、第三に卿大夫《けいだゆう》（知識人、如見自身が所属する）、第四に士（旗本）、第五に庶人《しょじん》、という五等の人倫があるとし、ついで庶人は士農工商からなる、という階級的身分を定義しています。そこで商人は、それにふさわしい行動と規範があり、商人はたとえ金持ちになっても、商人であって貴人ではないから、そうした身分秩序を自覚しなくてはいけない、と論じます。

こうした見地から如見は、商人の道義は、謙譲《けんじょう》、倹約、質朴《しつぼく》にあるのであり、謙《けん》こそ重要として声高に強調し、当時の経済的に地位向上した商人の現実について大いに批判しています。要するに分際をこえた行動や態度は愚かで、かつ眼に余るというわけです。そして商人にとっての礼儀作法、知識教養、冠婚葬祭などの日常生活において守るべき心得が、和漢の文献から数多く引用され、こと細かに論述されています（公用でも駕籠《かご》に乗るべきでない、供を連《つ》れるべきではない、など）。

この本が出た享保時代には、既述のように社会の秩序が保守的になりつつありましたから、商人の人々も自身の日常生活の現実にとっての基準として、役立ったことでしょう。しかし、西川如見の著書は、当時の書物としては大部ですが、経済はもとより商人経営について考察・論述するところは非常に少なく、大部分が為政者の立場からの多分に権威主義的な教説にみちています。

ちなみに本書「巻之一」の末尾に、近年の京都でみかける商人の風潮の一つとして次のような記述があります。

（京都の商人のなかで）、稽古修業の為とて、友人《ともびと》を集め、見台《けんだい》にむかひて聖教を講談す。或は輪講《りんこう》などと号して、たがひに講談して弁舌《べんぜつ》をもって人に高ぶらんとするものあり。……根本、学問に音曲《おんぎょく》の芸者の如く、弁舌音声によるべきものにあらず、道理をきわまること明らかならば……弁舌を習はす事なく共、何ぞ聖教の理を弁ずるに難からんや。

これは梅岩の心学運動を指して批判しているものと考えられます。同時に社会的威信《プレステージ》において西川如見と一介の商人の梅岩との距離を示しています。梅岩の講釈活動が、京都で人気をもちつつあった事実を読みとることもできます。

三井家家憲・三井高平「宗竺遺書」

享保時代には、商家のなかにしばしば家憲・家訓類が作成されたことはすでに述べました。なかでも三井家の家憲とされる三井高平《たかひら》（初代三井八郎右衛門、家祖の八郎兵衛高利長男）の『宗《そう》竺遺書《ちくいしょ》』（一七二二〈享保七〉年）は、長い間全貌が明らかにされませんでしたが、この遺訓は、三井・越後屋《えちごや》の顕著かつ長期的な発展を支えた経営理念の書として、非公開ながら江戸時代から有名な存在です。同じ京都にいて、その後数十年を経て世に出た石田梅岩の『都鄙問答』が参考にしたことは十分にありうることです。いずれにせよ、「商人の鑑」（『日本永代蔵』）と称された三井・越後屋の経営を、簡単にせよ触れておくことが有用でしょう。（注3）

三井家越後屋初代の三井高利《たかとし》（一六二二〜九四）は、近江商人と並んで進取の気性と合理的な経営で知られる伊勢商人の一人で、松坂出身です。高利は一四歳で早くも江戸に出て、すでに呉服業を開業していた兄の店に勤めた経歴をもち、二八歳で郷里に帰って、母の殊法《しゅほう》とともに、酒・味噌店と質店（金融）を家業とした越後屋を経営し、地元で名を成しました。すでに成年となり、経営の能力を身につけていた長男高平《たかひら》、次男高富《たかとみ》と協議し、特に高富の意欲を買って、一六七三（延宝元）年に越後屋の江戸出店をはかり、京都に呉服の仕入店を設け（長男の高平が担当、のちに三男の高治《たかはる》担当）、ついで御用商人の集まる江戸の日本橋本町に三井八郎右衛門（高平）の名義で越後屋呉服店を開設しました（次男の高富が担当、高利、高平、高富の共同出資）。

江戸の越後屋呉服店は、一六八三（天和三）年に日本橋駿河町（現在、三越の所在地）に移転し、この頃に広い顧客を対象にして画期的な新商法「現金、掛値無《かけねな》し」の定価販売（高富の発想）を行い、大いに成功しました（まもなく高富は、高平に代わって八郎右衛門となり、以後この名前が襲名されます）。ついで呉服店の近隣に両替店を開業しました。また高平は、幕府の御納戸《おなんど》御用を請け負い、金融担当の御為替方《おかわせかた》に参加します（四男高伴《たかとも》が担当）。さらに大坂に呉服店ならびに両替店（ここでも御金蔵《ごきんぞう》担当）を設立し、かくて三井は、江戸・京都・大坂にそれぞれ呉服と両替の店を所有し、幕府、紀州徳川家（松坂の領主）、および牧野家（幕府御用を仲介した譜代大名）と深い関係のある全国的な呉服（衣料）と両替（銀行）兼業のかつて例のない有力な商家に発展しました。

ところで、ビジネスの活動が複数の分野の業務をもち、多店舗経営を発展させるには、単なる本支店でなく、組織の進化的革新が必要ということは、経営学（組織論）が説くところです。越後屋の場合も、高利の他界（一六九四年）以前から組織の改革が不可欠と考えられ、少年期からの奉公人出身で有能な元締《もとじめ》（支配人）の代表格の中西宗助の強い進言によって、一七一〇（宝永七）年に大元方《おおもとかた》が京都に設置されました。ここでは、原理的には事業部制的な、本店一巻と両替店一巻の二部門のもとに一〇箇所をこえる諸支店が統轄され、より一段の発展が可能となりました。（出資持分については、高利遺訓として息子たち六家を本家、それ以外の親戚三連家を出資者とする三井九家の制が定められました。後に連家を五家とし、三井十一家となります。）

市場経済と都市小売業の発展を視野に入れたこれらの革新によって、三井越後屋の成長はまことに著しく、享保末の資産総額は大元方だけで四万貫（銀）に達しています。こうした進化的な発展を主体的にみれば、高平と高富の二人の年子《としご》の兄弟の役割が大きく、特に高富の企業家精神《アントルプルヌアシップ》と高平の管理者的能力《マネジリアルコンピテンス》は特筆すべきものがあります。また筆頭支配人の中西宗助の才能は、すでに三井の研究者間でつとに知られているところで、高平、高富がこの上なく評価していました。

なお高利の他界の前から上記の三人は、三井の永続を図るため、子々孫々を視野に入れた家憲の制定にエネルギーを費やしています。高平が隠居（引退）を表明した元禄末には高富の「草案」が執筆されており、高富が急逝（一七〇九年）すると、永生をした兄の高平がさらに検討を加えて、一七二二（享保七）年に、父高利（宗寿）からの遺言の形式のもとに綿密で長大な『宗竺（高平）遺書』が三井家同族向けに作成されました。

本書の趣旨から「家」（家産・持分・相続から家族の生活に及ぶ）にかかわる部分を除き、経営についての諸条文のうち、興味ある条文を抜粋して掲げてみることにします。

一、（理念―家の存続）我が家は宗寿（高利）より伝へ置かれたる家業相続いたし、いまに至るまで益々繁昌すること、是祖先の冥加なるを以て子孫いよいよ有難く存ずべきこと。

二、（法令の遵守）御公儀《ごこうぎ》の御法度《ごはっと》、主人はもちろん手代下々迄早速申聞かせ堅く相守るべく、并《ならび》に博奕、諸勝負事等堅く仕るまじき事。

三、（理念―一致協力）同族共益々心を同じうし、上に立つものは下をめぐみ、下たる者は上を敬ふべし。我々兄弟はむつまじく、いよいよ心をひとつにし、家法・礼儀をみださず、よく慎み守るとき益々栄えるの理《ことわり》、此旨能々《よくよく》心得べし。

四、（精励の勤め）商人は、不断《ふだん》の心がけうすきときは、他より其商《あきない》をうばう。これ軍《いくさ》の利、多年心に懈怠《けたい》なく、商のみちを能《よ》く勤め、眷族《けんぞく》を養ひ、内を治め、外家業をおこたらざれば家栄えるなり。

五、（奉公人について、人事心得）手代を見立ること専要なり。小さき失をあげて、大きなる益を捨る事なかれ。家来の能《よき》もあしきも、又主人たる者の心なり。家業にくらき主は、其手代の働をしらず。下に能《よき》もの有ても用る事なし。いたずらに差置けば、其ものは主のくらきをうらみ、退く心出来る者なり。上下心を合し事をなさば、成らざる事なし。功ある者を能《よく》立て、立身申付る時は、おのづから外のあしきものも、能成《よくな》る道理なり。実を以て人をつかえば、人又実を以てしたがふ。

六、（奢侈のいましめ）江戸、京、大坂は、御公儀よりの御法度の外《ほか》、恐るる事なく、諸事に付結構を見習ひ、奢《おごり》で心高ぶり、身に位を付け、それより家業も疎略《そりゃく》になる故、二代、三代親のごとく繁昌相続いたすも少き故、前車のくつがへるにて、後車の試を、いよいよ慎むべきにと。

七、（トップ―親分のこと）親分は一家惣親分と心得、其以下の者ども、実の親のごとく能仕へ、其志にたがはず、申付るにきつと相守り申ずべく、宗印（高利の三男）、宗利（高利の四男）までは大元四軒の本家なる故、順々親分に致し申すべく。（以下略）

八、（同族中の不心得者の処分）同族の内親分の差図を請《う》けず、家業など疎略にし、不届の者あらば、同族相談の上隠居致させ、又は勢州へ押し込め、仕置申し付くべし。（以下略）

九、（大元方人事および会議のこと）親分に続いて同族の内年かさ器量《きりょう》（才能）あるものを三人宛統領役として、大元方諸事、店々の儀、引き請《う》け世話致すべし、尤《もっとも》月内寄合《よりあい》（会合）致し、元締《もとじめ》幷に見習の名代立会い、商《あきない》の評議致すべし、店々半季宛の目録（決算書）、延引の店は催促し、差出させ、元締立会ひ能く吟味すべし。大元方は一家根元の所なれば、打寄世《うちより》上金銀取遣の様子、糸端もの一切、諸相場等考へて、諸事差繰り申すべし。店々役人差置けども、主人より折柄気を付け申渡すときは、いよいよ油断なく勤るものなり。（以下略）

第一部を読まれた読者には容易に会得されましょうが、経営についての理念、倫理規範、人事と教育訓練、経営者と経営管理など、経営の諸側面についての心得が細々と記されており、『都鄙問答』の経営学の素材をなしていることがおわかりいただけることでしょう。

右の九条に記されている、主人でも経営の存続にふさわしくない人物の場合は、年金を付して引退させるような厳しい規定が三井の家憲の条文に見出せることは、興味ある事実といえます。『都鄙問答』の解説において述べましたように、石田梅岩が当時においては異端的な発言をも辞さなかったのは、すでに三井家憲にもこうした条文が含まれていた事実を知っていたからかもしれません。

さらに付言すれば、大元方の親分（社長ともいえる）、頭領役（常勤重役といえる）たる同族の成員にたいしては、幼少期から頗る厳しい教育訓練を受ける必要があることが見逃せません。

いま『宗竺遺書』に記述されている「子孫家業入見習の事」によれば、一般の奉公人の子供（丁稚）と同様に京本店に見習として働き、仕入を学び、十五歳からは手代級で江戸本店に勤務、以後はふたたび京本店ついで江戸本店に勤務、帳簿・会計を学習、二〇歳をこえても同様に両本店（大坂店を含む）の勤務をくり返し、さらに綿店、上州等に出張し業務を体得することが求められています。三〇歳になってから、親方の采配に従って一族としての役割を果たすとされています。

なお、石門心学とは長い間かかわりがあったことは明らかで、後のことですが、史料的には天保期（一八三〇年代）の京本店では京都の心学者の薩埵《さった》徳軒《とくけん》を招いて、春季の三月から五月までと、秋期の八月から一〇月までの時期に心学講習を行わせています。

注1　「長者教」と『日本永代蔵』の商人道は、しばしば紹介されています。ゆきとどいた解説としては土屋喬雄『日本経営理念史』（日本経済新聞社、一九六三年）があります。

注2　西川如見『町人嚢』については、『日本思想大系59巻』「近世町人思想」（岩波書店、一九八二年）八五頁以下によっています。

注3　三井越後屋・三井高利の「現金掛値無し」については数多くの書物や紹介があります。最近の研究では、長男高利、次男高富の役割が評価されています（村和明「三井初期の集団指導体制の変容」『三井文庫論叢』第五〇号、二〇一六年）。近世三井の歴史については、三井文庫編『史料が語る　三井のあゆみ：越後屋から三井財閥』（吉川弘文館、二〇一七年）をあげておきたいと思います。

第二部　石田梅岩の生涯と市場経済到来の時代

第一部では、近世商人道の代表的古典たる『都鄙問答』を読み、その歴史的ないし進化的な意義を念頭において解説を試みました。また同書が、近世日本の経済と経営をシステム的に考察し、後者においては、『都鄙問答』が今日に通ずる「日本の経営学」たるところを説明しました。

この第二部では、石田梅岩の生涯と人物、そして時代背景をひととおり紹介することにしました。梅岩の生涯と「教化《きょうげ》」（教育・普及）活動については、過去における石門心学の丹念な研究に負う（主として柴田実『石田梅岩』）ものですが、ここでは彼の商人生活、学問と伝道者的な人格形成、そして効果的な修業の指導に焦点を置いてみました。彼の後に心学と称される門下の指導の成功の一つが、聖賢の道に親しむとともに、日常生活をととのえ、かつ静坐、呼吸（インテンシブな禅）にあることを指摘したいと思います。

いかなる思想や哲学にせよ、人間形成の背景をなす時代と不即不離です。とりわけ影響力《インフリエンシャル》ある思想・活動はそうで、石田梅岩が生きた一八世紀中頃は、貨幣の普及と交通、運輸など流通のインフラの形成をまって、三都を中心として近世日本に市場経済が到来したと考えられます。そして享保・元文のこの時代に成人した石田梅岩が、ビジネス経験と思索のあげく、誰にもまして、市場経済を（未熟なことを含めて）認識し、理解することができたのでした。

第一章　石田梅岩の出身と経歴

少年時代の奉公人生活

石田梅岩は、一七世紀末の一六八五（貞享二）年九月一五日、京都から西へ十数キロ、亀岡から南に一〇キロほどの丹波国桑田郡東懸《とうげ》村（現在は亀岡市東別院町）に生まれました。地理的には亀岡からそれほど遠くないのですが、市街地からは峠があり、山間の小集落です。

本名は興長《おきなが》といい、梅岩は号で、通称は勘平といいました。父は権右衛門《ごんえもん》、母は亀岡から道が通ずる摂津（大阪府）の角《かど》家の出身で、名はたね（のち母の家が梅岩の家を継いでいます）、兄弟は兄一人妹一人の三人でした。石田家は、権右衛門の曾祖父までは戦国時代の土豪の武士といわれ、権右衛門の時代に帰農して村名主格の、裕福とはいえないが貧困でもない、いわば中程度の農家でした。父の権右衛門は学問・教養があり、かつこうした経歴の人物にありがちな頗《すこぶ》る厳格な人物であったようです。勘平すなわち梅岩が一〇歳の頃、石田家の持ち山で栗を拾ってきたところ、その場所が他の家の山との境界であったので、他家の栗の木の実かもしれないと、もとの場所に戻すよう言いつけられ、勘平は泣きながらこれに従ったという非常に印象的な挿話が今日まで伝えられています。

以下、柴田実『石田梅岩』によると、勘平は次男で、当時の習慣にしたがい、一六九五（元禄八）年、一一歳のときに父の友人の世話で、京都の商家（店名・業種などは不明）に徒弟すなわち丁稚《でっち》奉公に出ます。伝記によれば、この少年時代の奉公先は、家運が傾いた上に彼は厚遇されず、辛酸をなめたようです。住込みの丁稚は、子供とも呼ばれて、雑用に使われ給銀《きゅうぎん》（給料）は与えられず、食事のほか盆暮《ぼんくれ》などに衣服や履物など仕着《しき》せが支給されるものですが、勘平の場合には仕着せも十分に与えられませんでした。四、五年の奉公をへて一両日の暇をえて帰郷したとき、服装があまりにひどく見苦しかったので、母のたねが驚き悲しみました。奉公先の世話をした父の友人も、事情を知って不明を詫び、勘平は生家に帰ることになりました。

ちなみに時代からいうと、五代将軍綱吉の元禄時代で、忠臣蔵で有名な赤穂浪士の吉良邸の討入りの事件は元禄末の出来事（元禄一二年）で、事件の顛末はすぐにこの地方にも知られており、少年の心にも感動を与えたことでしょう。のちの梅岩の講話には、リーダーたる大石良雄の思慮と分別ある行動がしばしば話されています。

そうしたみじめな長い奉公生活にもかかわらず、勘平は、主人を親と思い大切に奉公するようにとの、両親のいいつけを守り、不平や不満をうったえなかったといいますから、少年の彼の素直さ、我慢強さが知られます。しかもそれは、天性のすぐれた資質とか、優等生的な努力というのではなかったようです。彼自身は、自分は生まれつきまことに「理屈者《りくつもの》」で、周囲の人々にたいし意地が悪く、一四、五歳の頃に、ふとそれに気がついて悲しく思い反省した、と追憶しています。どこまでも誠実な梅岩の態度は、その後の学問と思索の半生につながってゆきます。

京都の奉公先から戻ったのちは、父のもとで農業を手伝い、かたわら独学で学問に励みました。まもなく神道に帰依し、伝道に若い情熱をもやし、「人の人たる道」を説きひろめたいと考えました。元禄時代は漢学的な儒教ばかりでなく、京都を中心に神道の研究や布教の活動も活発となりました。この時代は国学を開花させた本居宣長《もとおりのりなが》（一七三〇〜一八〇一）以前で、本格的な国学の研究は生まれていませんが、神道にはいくつかの学派の登場をみ、平易な神道書が現れるようになりました。勘平がどのような教説や神道家に傾倒したかはわかりませんが、「神の道」と「人の道」を結びつけるものだったのでしょう。彼は儒学を学び、仏道を修行しますが、日本人の祖先を天照大神《あまてらすおおみかみ》とする神道への尊崇の態度は生涯変わらず、晩年まで、仏壇よりも神棚、寺院よりも神社の参拝を先にしています。これは、のちの心学思想を理解する上で留意に値する点で、改めて触れるところです。

経営《ビジネス》（商取引）の実務に通ずる

さて、勘平は、一七〇七（宝永四）年、二三歳のとき、京都・上京の比較的大きな呉服商（絹織物商）、黒柳家に今度は手代《てだい》、つまり一人前の店員として勤務します。真面目で内向的な性格の持ち主である彼は、忙しい手代奉公に毎日を過ごしながら神道の布教を決意しました。勤めはじめのうちは、誰よりも早起きし、夜中に書を読み、布教をしつつも主人の用命を疎《おろそ》かにしないという、厳しい生活を自分自身に課しています。

とはいえ、そうした厳格主義《リゴリズム》で必ずしも人格が陶冶《とうや》されるものではないし、世の中が通るものでもありません。まもなく挫折して神経衰弱になり、日常の社会生活も困難となったようです。そして一時は周囲のすすめるままに、本復するならそれも主人への忠義と自身を納得させ、遊びにふけったりしました。だが、ふと快気のときに遊興に金銀を費やすのは「盗み」と同じと感じ、衣服から脇差《わきざし》まで売り払って主人に費用をつぐない、断然これを廃したりしています。やがて有能な奉公人として、主人の家族（特に主人の母）や店員たちから信用や敬意をかちえています。

呉服店すなわち和服の布地（主として絹）や製品の製造・販売は、両替（金融）業とならぶ江戸時代の代表的な都市のビジネスでした。ことに京都はそうでした。終日雑用の丁稚とちがって手代は、商取引に直接かかわり、能力が問われ、責任のある仕事をこなさなければなりません。

そこで黒柳家勤務の時代に、勘平すなわち梅岩が、市場経済を迎えつつあった京都で商業と商人社会の現実を学び、経営の実務はもちろん商取引の駆引きや表裏まで実地に体験し、知りつくしたであろうことは容易に想像できます。『都鄙問答』にみられる商人道の主張が、奉公時代のビジネス生活の豊富な経験と知識によって裏づけられていることはすでにふれたとおりです。

特に京都の呉服業は中世にさかのぼる長い伝統をもち、特に上京の西陣《にしじん》は大きな声価を得ていました。当時は分業が発展し、有力な織元（問屋）のもとで染め・刺繡・加工などの分業と下請化がすすんでいました。それで力関係によって織元と下請業者の間に支配・従属関係が生じて、しばしば不正の温床になったようです（『都鄙問答』巻之一、本書の第一部第四章）。こうしたモラルの現状が、この時期の手代奉公の切実な経験となって、商人道提唱の動機の一つになったことでしょう。

心の「覚」から衆生済度の「行」へ

時代は八代将軍吉宗の享保《きょうほ》に移ります。呉服店の経営の諸業務にも十分に体験をつんだのちのことでしょうが、石田梅岩は、京都にある碩学の儒者のいくつかの塾の門をたたき、道について学習し、思索を重ねました。当時の学問といえば、儒学（漢学）であって、正統的な朱子学のほか、いくつかの学派がありました。彼の学習の態度は、『論語』の、「学んで思わざれば則《すなわ》ち罔《くら》し。思いて学ばざれば則ち殆《あやう》し」（学習しても自分で考えなければ確とした学問はえられない。逆に思索にふけっても師や書について学ばなければ、ひとりよがりの独善におちいる）の教えに沿うものでした。『都鄙問答』のなかのおびただしい漢籍の引用など、該博な知識と古典の解釈への通暁《つうぎょう》は、青年期から壮年期にかけてのひたむきな、そして長い期間の学習が基礎になっているからにほかなりません。

その結果、三七、八歳の頃、儒教哲学の中心テーマたる性理の学にも通じえた「性《せい》は是《これ》天地万物の親」と知る、と自認するにいたりました。だが、知的な理解を優先するかぎり、心とは何か、性とは何か、聖賢の心とはどういうものか、というような、知識をこえた人間の根本問題の会得《えとく》にはいたりません。四〇歳の頃、すでに支配人のような責任のある地位にあったと思われますが、呉服店の黒柳家の勤務を辞しました。以後の彼は、人間と社会経済の理想を求め、改めて所々方々に師を求めています。

さて、精神修業については、京都周辺は禅宗の名刹《めいさつ》（寺院）が少なくない上、在家《ざいけ》（僧籍を持たない一般人）の出身者であっても、道を求めてすでに透徹《とうてつ》したとして知られる先人たちがいました。鈴木正三《しょうさん》は代表的な人物で、徳川家康の麾下《きか》の出身でしたが、江戸時代になると早々武士身分を捨て〝禅家〟の修行に参じ、いくつかの禅入門の草双紙《くさぞうし》を書いて、禅仏教の民衆への布教に生涯を送りました。

また梅岩より少し前には、盤珪《ばんけい》禅師という傑物が現れました。彼は禅寺の生まれでしたが、江戸時代初期の禅宗（臨済）の師家《しけ》たちが、いたずらに公案《こうあん》（悟りのヒント、数百といわれる）の数のみを誇る禅仏教の風潮を強く批判し、公案は「不生《ふしょう》」の一語で足りるとしました。そして畿内一帯から四国にまで真の禅仏教の布教につとめて、大きな声価を得ていました。（門下は数百人、教徒は数万人に達したといわれ、朝廷から大法正眼国師の号を賜われました。）なお、梅岩の生身地の周辺にも有力な禅寺がありました。

彼の足どりは必ずしもはっきりしませんが、もともと向学心の強い石田梅岩が、ビジネスの現世にあきたらず、真実の世界と安心の途を求めて、禅仏教の寺院や師家を訪ね歩いたことは、十分に理解できます。

彼は最後に、小栗了雲《おぐりりょううん》という師家（京都の黄檗《おうばく》派の在家の禅僧といわれる）に参じて坐禅の工夫にうちこみました。一年半ほどで多年の「疑念《ぎねん》が一挙に散《さん》ず」という体験をしましたが、いまだ師の肯《うけが》うところとならず、さらに禅道の工夫を重ねたすえ、見性《けんしょう》悟道《ごどう》に徹するにいたりました。一七二九（享保一四）年、四四歳のときのことです。

見性をえた勘平は、歓喜にあふれ、ただちに京都で念願の教化運動にのり出しました。この体験は、先に引用した「性理問答」に記されているところです。学問による「知《ち》」をへて、心の「覚《かく》」へ、「覚」の体験から衆生《しゅじょう》済度《さいど》の「行《ぎょう》」への、精神の軌跡がよみとれます。すぐれた宗教や思想の創始者に共通にみられるところといえます。以後彼の後半生は、主として商人階級を対象とした、大衆相手の講演方式によって人間の「心」と「道」を説く、ほとんど宗教の伝道と異ならない生活に終始します。

なおこの時期の彼が「窮理《きゅうり》の精神」（物事の道理をあくまで追求する心情）の持ち主たることから、新しい市場経済の諸原則、すなわち経済学を考究し、変動する市場価格に働く「天の作用」に納得できたことも重要です。

第二章　時代の背景 ―元禄から享保の時代―

幕藩体制と近世の経済社会

さて、ここで眼を彼の時代の背景に転じてみましょう。いかに独創的な主張であろうと、新しい思想であろうと、提唱者が生きた時代と無縁ではありません。石田梅岩の前半生は、一七世紀末から一八世紀にかけての元禄から享保という江戸中期で、たまたま日本は自給自足下の市場経済の到来という時代にめぐりあっていました。この点はより説明が必要でしょう。

江戸時代といっても、梅岩が生まれる前の初期の数十年間は、戦国時代からの過渡的な時代でした。諸大名の廃絶や領地替えは一七世紀末まで頻繁に行われましたし、一六三〇年代末には大規模な百姓一揆とキリスト教徒の反乱による島原の乱が起こり、その沈静に幕府は、一三万人という大軍を九州に派遣せざるをえませんでした。

こうした事態はまた、日本とヨーロッパ諸国との外交の見直しと、オランダとの長崎交易を例外とした、閉鎖的な国際関係という事態を呼び起こしました。ついに幕府は、「鎖国」という歴史上前例のない対外政策の採用にいたりました。その他方幕府（三代家光）は、徳川政権の恒久的な維持・存続のため採用された参勤交代（諸大名が家族と家臣団を引き連れて隔年江戸に滞在）を実施し、一六六〇年代には外様《とざま》大名ばかりでなく旧家臣出身の譜代《ふだい》大名にまで拡大しました。さらに武士はもとより公卿にいたるまで、身分的な階級にたいし諸法度《はっと》（行動・生活の規範）を細々《こまごま》ととり定めました。

こうして構築された江戸を中心とした幕藩体制という政治システムは、徳川封建制と称されるように、伝統的君臣である農村の領国を基盤としたものでしたが、武士の間断のない移動をもたらすもので、本来の意図に反して、経済活動の商品化、貨幣の流通、そして市場経済の発展を不可避とするものでした。

三大都市の発展、商人と商業

対外的には鎖国、国内的には参勤交代制が徹底的に制度化される過程は、京都、大坂そして江戸の三大都市の時代の到来でした。文化と学問の京都、流通の要《かなめ》となる大坂、そして政権の所在する江戸の三つの大都市が、一七世紀の後半から著しく成長しました。これらを結ぶ輸送、交通、通信が大動脈をなし、ついで各地にできた城下町を結んだネットワークがしだいにできるようになりました。

石田梅岩の幼少年時代にあたる元禄・宝永の時期（一六八八～一七一〇）は、五代綱吉の治世ですが、天下泰平の到来とともに、貨幣と商品の流通が全国的となり、江戸日本橋を起点とする五街道が完成されました。江戸と京坂間を結んで、陸上輸送ならびに海上の定期航路（下り、上り）が整備されたことは革新で、一八世紀になると遠距離航路（北前船・内海船・奥筋船）が実現し、河川輸送も発達しました。飛脚という通信も可能になったことも革命的な出来事でした。これら幹線における交通と輸送の安全も特筆すべきことです。この時期のロンドンやパリにおいては近郊都市への輸送・交通は、安全性と正確性において東海道とはほど遠いものでした。

江戸時代もこの頃になると、商業活動は生産から分離し（すでに述べたように生産は家内工業に下請化し）、商人のなかでも問屋（卸売り）・仲買い・小売りの業態の分化がすすみ、流通における分業がはっきりしました。（注1）

問屋は口銭をとって委託販売し、あるいは荷主から買い集め自主販売するもので、小売りは消費者にたいする直接の販売者です。仲買いはそれらの中間にあって取引する商人のことです。大ざっぱには、この区別はその後、現代までそれほど変わりません。

(1) 大坂

卸売業の大都市として大坂の商人たちは、それぞれが諸藩の産物の取引を一手に扱い（蔵元《くらもと》と称された）、効率的な商品市場を発展させました。初期には不定期に開かれていた市場は、毎日継続的に開かれるようになり、貢租米をはじめ、米・麦・油・蠟《ろう》・綿（木綿）・紙・砂糖・炭のような重要な商品については常設の市場が発達し（注2）、鮮魚・青物（野菜）・木材のような都市の日常生活の諸商品については、現在と同様に、問屋・仲買いによるせり・入札売買が行われるようになりました。商品によっては有力な商人たちが商品取引を見本で行うという工夫をすすめ、江戸向けなど大口の買い手は売買契約をしてから、それぞれ船問屋の倉庫あるいは船から商品を引き取るようになりました。

大坂は全国各地の市場にたいする中央市場として機能し、卸売り問屋の活動によって、価格の安定と供給の円滑化・地域間格差の是正が実現しました。掛売りをはじめ、金融制度や手形取引が普及し、ビジネスに不可欠な帳簿は、経験豊富な近江・伊勢商人から発達しました。幕府自身、大坂に御《ご》金蔵《きんぞう》を設置し、直接に売買を管理するようになりました。こうした発展が、商人の側の積極的な活動と、そして同時に信用とモラルの向上を必要としたことはいうまでもありません。

(2) 江戸

江戸は厖大な武士人口をかかえ、より消費都市としての性格を強め、小売商が発達しました。明暦の大火（一六五七年）後は、計画的な都市づくりが行われ、この時代になるとヨーロッパの大都市をしのぐ一〇〇万をはるかにこえる人口の大都市に成長しました。

初期の小売業は、いまだ問屋の兼営が少なくなかったようですが、両替をはじめ呉服・太物《ふともの》・米・酒・油・紙・木材・魚・青物・履物・煙草・小間物その他の生活用品を販売する店舗が軒を並べ、店員は顧客先を巡回するとともに、店で来客の相手をするようになりました。江戸の日本橋室町では、現在の三越本店の前身、三井の越後《えちご》屋《や》呉服店が、現金の定価（正札《しょうふだ》）販売の革新で人気を博しました（本格的な定価販売は、これが世界で最初といわれ、近年国際的にも承認されています（注3））。ついで白木《しろき》屋《や》呉服店（のちの東急日本橋店、現在はコレド日本橋）や松坂屋（名古屋）なども現金小売の大店《おおだな》（大店舗）経営にのり出し、この一帯が江戸のメインストリートを形成し、販売の工夫や広告、あるいは商品の産地での仕入れ、倉庫の建設など、経営の革新に成果を上げつつありました。

(3) 京都

石田梅岩を生んだ京都は、上古・中世以来、王城の地・文化の都として重要な大都市でした。全国的な声価を得た西陣を代表とする品質の高い呉服・織物、陶磁器、漆器あるいは茶道具などの取引が発展し、商人たちは伝統を誇り、信用を重んじました。すでに述べましたが、江戸初期からこの頃までは京都が学問と文化の中心で、その伝統は継承されていました。

三井家は、江戸の呉服店が特に繁昌しましたが、幕末まであくまで京都を本店とし、歴代の総領家の八郎右衛門は、京都に居住しました。白木屋の大村家や大丸の下村家もそうでした。石田梅岩が京都を本拠として商人道の啓蒙運動を起こしたことは、こうした時代の背景を考えると地理的にも意味のあることでした。

このような京・大坂の発展は、江戸と関東に先んじて、周辺各地の商工業の成長をもたらし、大津・神戸・下関などにも定期市場が発達しました。全国的にみても畿内全体が先進地帯となり、物品の大きな流れは「西から東へ（下《くだ》る）」ようになりました。

さて、大都市の商業経営の興隆とならんで、元禄から宝永時代（一六八八〜一七一一）を特徴づけたのは、消費生活（衣食住）の向上（一日に三食、職業別の作業着が普及）と、都市商人たる町人の文化の登場でした。

よく知られているように、近松門左衛門の浄瑠璃や、井原西鶴の文学性の高い小説が現れ、俳諧・連歌と茶道が流行し、これらが町人に欠かせない趣味・教養となりました。俳句が自由で多作・新奇をもてあそぶ談林風《だんりんふう》から、感性的に洗練された松尾芭蕉に代表される文学的な蕉風《しょうふう》へと成長し、士庶の別なく親しまれたのもこの頃です。人形芝居や歌舞伎の劇場公演が人気を集めて定例化し、絵画では江戸で菱川師宣《ひしかわもろのぶ》が浮世絵をはじめ、上方では俵屋宗達《たわらやそうたつ》や尾形光琳《おがたこうりん》が登場して、世界の美術史の上でも特筆される水準に達しました。

京・大坂の町人のなかには、さらに漢詩・和歌・毬《まり》・琴・鼓・香までたしなむ者が現れたといいます。いまや商人社会、町人の文化の世界が、本格的に生まれたのでした。生活水準と文化の向上は農村にも及び、この頃から大都市と近郊の豊かな商家や農村では、家族つれだって物見遊山を楽しむようになります。第一部で読んだ『都鄙問答』の梅岩の著作などにも、こうした京・大坂や近郊地帯の生活と文化が随所にうかがえます。

時代が商人への批判と自覚を呼び起こす

だが、活発な商業ビジネスと新しい商人社会の台頭、興隆は、いまだ未熟なものでした。今日の発展途上国によくみられるように、急激な商品・貨幣経済の到来は、成長の持続のために必要な制度の整備と人々の意識の変革が追いつかないため、一方で急激なインフレや泡沫景気、他方で秩序やモラルの混乱や退廃をともなうからです。元禄・宝永時代の成長もそうでした。

時の大老柳沢吉保《よしやす》と勘定奉行荻原重秀《おぎはらしげひで》の行った金銀の貨幣の再三の改鋳（品位を低下させた点では改悪）および増発の政策は、悪化した幕府財政をたて直し、通貨の供給を経済成長に適応させる必要があってのことですが、ゆき過ぎが経済を過熱させ、同時に投機熱や奢侈景気をあおりました。

この一七世紀末から一八世紀初期にかけては、鴻池（両替）、三井（呉服・両替）、白木屋（呉服・太物）、小野（各種物産）、住友（精銅・両替）はじめ、その後幕末まで連綿とつづく有力な商家が、経営の革新をすすめ、その地位をきずきました。だが、人々の耳目を驚かしたのは、木材や蜜柑を大量に海上輸送した紀伊國屋文左衛門《きのくにやぶんざえもん》や、江戸で大土木事業を一手に受託した御用商人奈良屋茂右衛門たちの、あっという間の成功と莫大な致富、そして豪奢な生活と散財ぶりでした。また、景気の急激な高揚は、売り惜しみや買い占めムードをもたらし、一攫《いっかく》千金の営利欲を刺激しました。物価は、幕府の統制政策にかかわらず、ほぼ一貫して上昇しつづけ、米価を指数としてみれば、一六八〇年代（天和・貞享）の三〇〜四〇が、一七〇〇年代（元禄末・宝永）には、一一〇〜一四〇にと騰貴しました（宮本又郎『近世日本の市場経済』）。

それが消費者階級たる武士や庶民の生活難をもたらし（武士の俸禄は物価におうじ調整が行われたといえ）、商人にたいして激しい批判や非難を呼び起こしたことは容易に推察されます。その学問が一世を風靡したと伝えられる荻生徂徠《おぎゅうそらい》は、いわば政治・経済の代表的な学者・評論家であったわけですが、有名な著書『政談』（一七三〇年頃）のなかで、当時の社会経済を分析し、商業ビジネスを批判、武士を農村に土着させる構造改革を唱えています。そのなかで徂徠は、義のための武士とちがって、商人は営利のための「不定な渡世《ふていなとせい》をする者」とさげすみ、「然れば商人の潰《つぶ》ることはかつて構うまじき事也」とまで論じています（もっとも別のところで、農工商の分業が社会的に必要なことも述べているところもあります〈『徂徠先生答問書』〉）。これは当時の武士一般の感情だったことでしょう。

そこで幕府諸藩は、投機や驕奢《きょうしゃ》が目にあまるとみれば容赦なく処罰し始めました。大坂のリーダー格の米問屋で諸藩の蔵元《くらもと》を務めていた淀屋長五郎は、一七〇五（宝永二）年に闕所《けっしょ》、つまり営業停止・財産没収となりました。荻原重秀にかわって登場した新井白石《はくせき》も、御用商人をふくむ少なからぬ商人を、不正を働いたとして処分しました。（注4）

元禄・宝永のインフレ経済は、それにつぐ享保時代（一七一六〜三六）になると、八代将軍吉宗による綱紀の粛正、財政の緊縮とデフレ経済にとって代わられます。勘平時代の梅岩が、京都の呉服店に勤めつつ修業を始めた時代にあたります。

物価は急速に下落に転じ、先の指数は享保年代には一時は三〇を割るまでに反落しています。奢侈は厳しく禁ぜられ、文武《ぶんぶ》が奨励され、商家の没落と倒産（とりわけ金融業者）がしきりに起こりました。「商人と屏風は曲がらねば立たない」といった批判や蔑視が、より甚だしくなったことでしょう。

注1　近世の流通の研究は、経済史・経営史家によって著しく進歩してきており、その成果は本書の文脈からも十分に納得できます。巻末の主要参考文献を参照してください。

注2　三井越後屋京都本店は、大坂両替店に命じて、ここに掲げた主要商品の相場価格を調査していることは、市場経済の発展の指標です。享和二年以降の価格変動については、三井文庫『近世後期における主要物価の動態』（東大出版会、一九八九年）に収録されています。

注3　越後屋の量販店創業の早期的かつ経営の国際的な意義については、第二回日仏経営史会議（流通・市場・消費者）で承認を得ています。（Beyond Mass Distribution, Proceedings of Japanese and French Business History Conference, Edited by Patrick Fridensos & Tsunehiko Yui, Japan Business History Insitute, 2012）

注4　三井高房「町人考見録」（『日本思想大系59巻』）所収。

第三章　市場経済と石田梅岩

享保・元文の時代と市場経済の到来

さて一七世紀後半の三大都市の急速な成長は、貨幣の普及と流通の発展をともなって、一八世紀の二〇～三〇年代、享保・元文（一七一六～一七四一）の時代になると、単なる貨幣経済というにとどまらず、市場経済の時代を迎えたといえます（この用語は、近世の経済史の研究者間でも近年はしばしば使われています―宮本又郎『近世日本の市場経済』など）。

何よりも大坂と江戸には、最大商品たる米をはじめ主要な商品について、中央市場というべき市場《いちば》が急速に発達し、恒常的に開市されるようになりました。また地方には、地方の主要商品の集散地には定期的な市場が、十分な信用をもって開市されるようになりました。さらに、売買とも末端までに及ぶようになりました。

これらの動向から大都市を中心とする流通のネットワークができるようになり、主要商品については全国的にみて一物一価の原則が成り立つようになりました。

そこでここでは、代表的で象徴的な商品として食品の米をとり上げて、市場経済のしくみを簡単に記してみることにします。ここで市場とは、定期的な卸売の取引が行われる場のことです。なかでもこの時期の大坂の堂島の米市場は、諸藩の収入の大半を占める米取引の場として抜きんでた存在でした。先物取引も行われており、享保時代の幕府の市場に対する態度を知る上でも重要です。『都鄙問答』など石田梅岩の著作には、市場の自由と市価の著しい変動について論じているところからみて、堂島の米相場の動向に関心を払っていたことは明らかです。そこで、大坂・堂島の米市場をみていきましょう。

大坂・堂島の米市場と取引の自由

最近刊行された『大坂堂島米市場』（高槻泰郎、講談社現代新書）によって、沿革と発展の要点を紹介してみます。

諸藩の蔵屋敷（米倉庫）は、大坂が幕府の直轄地であり、地理的な条件の良さから、一七世紀の後半に相ついで大坂に設けられました。最初は、リーダー格の御用商人の淀屋が、北浜の店頭で米相場が営まれていたのが、宝永二（一七〇五）年、既述のように五代辰五郎が闕所《けっしょ》となり、その後、交通・輸送の便の良さから中之島一帯に蔵屋敷、蔵元《くらもと》（取扱商）とも集中するようになったとのことです。

蔵米の取引は、受け渡しに際して米手形（米切手《こめきって》といわれる一枚一〇〇石単位の債券）が発行され、それがこの地の堂島の市場（取引所）で取引され、金融の便もあって取引活動が活発化しました。

堂島米市場は、享保一五（一七三〇）年に幕府当局から「勝手タルコト」（自由取引で可）とされました。これこそ自由取引の公認として、画期的なことでした。二五年前にかつての淀屋が「驕奢《ごうしゃ》」のかどで処分されたことを思えば、この享保年代の末が新しい時代を示すもので、大いに評価されるべきと思われます。

ちなみに大坂堂島の米取引の現場では、銘柄は、産地米（藩別）で、仕手銘柄（立米といわれた）は、肥後米、広島（芸州）、中国米（防長）、筑後米、備前米、加賀米などがありました。これらの豊かな産地には、加賀の金沢のように地方で米市場が立てられたところもあったようです。また堂島では、帳合米《ちょうあいまい》という米の現物とはかかわりのない取引もさかんに行われ、それが堂島の正米取引の繁昌に寄与し、その後幕末まで継続したことも知られています。帳合米取引においては市場操作や極端な相場の騰落《とうらく》にはストップ高（安）の歯止めの措置があり、さらに期末の価格が正米価格と一致するしくみが存在しました。こうしたユニークな慣行があるので、欧米先進国との比較が困難といわれますが、これを先物《さきもの》取引の一種と考えれば、年代的にアメリカのシカゴの穀物取引所の先物取引に先んずるものです。

帳合米取引は、少額の証拠金で桁違いの額の売買が可能なことから、時期はやや下りますが、大坂商人の学問所・懐徳堂の中井竹山《ちくざん》（後述）が、帳合米の取引は、危険きわまるもので、結局は誰しも利益にあずからず、すぐに廃止すべき慣行として批判しています。梅岩は直接帳合米を論じていませんが、相場というものは上昇期には誰もが強気となり、下降の局面では誰もが弱気となる傾向を指摘していますから（第一部第四章）、歯止めを講じている帳合米取引には肯定的であったように思われます。

いずれにしても、帳合米取引をともなって堂島の米市場は以後活況を示し、のちには市場の現場は「鼎《かなえ》ノ沸《わ》クガ如《ごと》シ」のありさまとなります。

大坂にたいし江戸では、浅草隅田川沿いの蔵前《くらまえ》が大坂と同様に交通・輸送の便によって、東日本の中央市場の様相を示します。ここでは関東と東北の諸藩および幕府の蔵米を扱い、ほかに一般の米の取引も行われました。大坂の堂島と江戸の日本橋の米市場の相互間の直接取引も、地域によっての豊凶と市場の思惑によって市価格が変動しますから、時には活発だったようです。しかし、概して大坂が優位でした。

大坂・江戸の東西の中央市場のほかに、各産地にも大小の市場があり、所によっては大坂の堂島米市場にならって米切手が発行、流通したともいわれます。

石田梅岩と市場経済論（経済学）

さてこれまでみてきたように、近世日本の市場経済は、構造的にも制度的にも、大坂の米相場の自由取引制に代表されるように、享保・元文の時代に着実に根をおろしました。商人出身の学者として、中井竹山は、前述のように、堂島米市場の帳合取引を声高に批判しましたが、その後同調者が現れず、一時的な批判にとどまりました。

石田梅岩は、『都鄙問答』執筆当時、かつての時代とちがって、今では重要な物品でも、どんな遠隔地からも確実に京都に到着し、その上農工商の別を問わず、自身の住居において生活できる（原文は本書の一九頁）と、市場経済の到来を歓迎する一文を書いています。

市場価格の変動については、市価が上がると誰しもが強気となり、逆に下がると誰しもが弱気になるのが常であって、何人にも相場の変動は予測できず、市場価格は「天の剤配《さいはい》」によるものとしました。また同時に、市価とは別に、商品に内在する価値の存在は、これを疑うことなく思索し、彼の経済学（農工商の働きとしての価値論）に到達しています。序説で検討しましたように、石田梅岩をもって日本の近世の経済学者と評価しうるところです。

いずれにしても、梅岩は新しい領域としての「経世済民」（経済学）の原理について自信を身につけていたことには相違がありません。後述するように、彼は明るい世界観と活気に満ちた講演活動に乗り出しますが、それには学問的な自信があってのことといえます。

第四章　心学活動、著述と晩年

講話の開始と支持者たち

さて一七二九（享保一四）年、数え年で四五歳のとき、勘平すなわち石田梅岩は、のちに石門心学と呼ばれた活動にのり出します。当時としては中年を過ぎていますが、その言動をみますと、青年のような溌溂さが感じられます。

彼の教化活動は、八代将軍徳川吉宗の文武（学問と武術）奨励と財政緊縮がひとまず成果を上げたのちの時期で、当時の私塾方式で始められました。当時の京都の儒学教育は頗る活発で、『京羽《きょうは》二重《ぶたえ》』（一六八五年）なる書物によれば、朱子学派、陽明学派はもとより、古学派（伊藤仁斎）、崎門派（山崎闇斎）ら、一二人もの儒者が一家を構えていました（柴田実『石田梅岩』）。こうしたなかで始めた石田梅岩の塾の最初の「講席」は、自宅（京都市内車屋通御池上ル東側）で、正装しての講釈、すなわち見台を前にしての講演は、男女の別なく（席は別）無料で、「御望みの方は遠慮なく御通り御聞きなさるべく候」（希望者はどなたも自由にお聞きください）との、今でも有名な掛け行燈《あんどん》の看板が掲げられました。

こうした講釈、つまり私塾での講話は、学問の盛んな京都の方々で行われていましたが、商人による男女の別なく、かつ無料というのはあまり例がなかったようです。いったい学者でも僧侶でもない一介の商人の講話の席というのは異例でした。きちんとした装幀の実用書を次々に刊行してきた知識人の西川如見《じょけん》などから批判の的とされたことはすでにふれたところです。

もとより当初は、無名の人の講釈など聞こうという人はなく、ごく少数の聞き手を相手にし、ときには門人一人のみが相手と伝えられています。揶揄《やゆ》や中傷も少なくなかったようです。しかし、聞き手がなければ街頭に立つことも辞さず、毅然とした態度に加えて、平易でありながらも十分に論理をわきまえた新しい学問・思想（経済学・経営学を含む）は、やがては人の心をとらえるようになりました。

間もなく何人かのひとかどの商人の門下生が生まれるようになりました。ちなみに石田梅岩についての研究者によると、次のような人々が初期の門下として知られています（柴田実『石田梅岩』）。

上河宗義（近江屋喜右衛門）、斎藤金門（近江屋仁介）、富岡以直（十一屋伝兵衛）、木村重光（大喜屋与兵衛）、手島堵庵（上河宗義の息子、近江屋嘉右衛門）

これらの人は、研究者の調査によれば、例外なく能力と努力によって商人として地位をきずき、資産を持ち、さらに学問を身につけた人々です。彼らこそ、梅岩の活動に共鳴し、商業・商人の社会的地位の向上と同時に、ビジネスのモラルを切実に期待していた人々もあったでしょう。したがって彼らは、門下であるとともに同志というべき存在でもあったと思われます。さらにこれらの人々が梅岩を師として仰いだのには、梅岩の学問の新鮮なことと学識の広さもあったことでしょう。市場経済論（価格の変動）や価値論などの経世済民学は、初めて聞くところであったに相違ありません。

梅岩が無償の教化活動を続けることができたのは、こうした同志的な商家の人々の支援があってのことで、この点は留意に値します。梅岩の活動が数年たつと、にわかに京・大坂各地で活発化したのも、これら同志的な門下の人々の積極的な協力に負うところが少なくありませんでした。

六年目の一七三五（享保二〇）年の秋、門下生の要請で、高倉通りの大長屋の裏座敷で一カ月間連続の夜講を開いたところ、老若男女が群れをなす盛況をみたといわれます。当時こうした活動の評価は、連続性（内容の充実）によって決まったようです。この頃には彼の評判が伝えられ、門弟たちの活動もあってのことでしょうが、大坂や近隣の農村から出張を求められ、翌々年に講席は京都市内で三カ所、大坂に二カ所が設けられています。奇蹟や予言、霊能めいたことをするのではなく、単なる講話だけで少なからぬ信奉者を得たということは、思想運動の歴史の上からみて、大きな業績といわねばなりません。

講釈師から伝道者へ

講話の会が軌道にのるようになると梅岩は、前述のような門弟たちから、より深い学問、さらには個々人の「心と道」の体得の指導を求められとことは当然のことかもしれません。そこで梅岩は、朝・晩の定例の講話とは別に、彼を師と仰ぐ門弟たちにたいしては、ほぼ毎週、日を定めて会輔《かいほ》（輪講）と称する対話を中心とした定期的な学習の場を設けました。ここでは古典の「読解」のほかに、あらかじめ話題が与えられ、門下生たちとの膝をまじえた対話による「切磋《せっさ》琢《たく》磨《ま》」がはかられたといわれます。のちに「石門心学」を特徴づける、修業のプラクティスの始りです。梅岩自身が同坐する効果的な静坐工夫と規律ある日常生活が重視され、実践されました。いまや石田梅岩は、講釈師から伝道者へと変身し、参加者は「性」と「道」の理解と会得をめざす修道者の様相を示すようになりました。

インテンシブな静坐・呼吸の功徳

石田梅岩は、門下生の実地の指導に当たっては、――従来の研究では必ずしも重視されていませんが――、坐禅同様の効果的な「静坐と呼吸」を行い、各自が「性を知る」上で成果を上げました。

既述したように、梅岩自身は長い年月をかけて修行しましたが、門下の求道者にたいしては、インテンシブな方式を考案し、ときには一種の「公案」を課し、「心を尽す」静坐・呼吸を指導しています。梅岩自身の文章には、やや謎めいた「こきう（呼吸）の息《いき》は人に定《さだめ》て有物なりといへども、生るヽ時よりして其《その》いきを知《しり》たる人有といふ事は、此方にはいだし申さず事に御座候いかが」とあり（注1）、生まれたときからの自然な呼吸の有用なことが説かれています。

本来、ゆっくりした呼吸そして静坐は、何時どこでも誰でも可能であり、禅仏教に限らず、キリスト教（特にカトリック）やヨガの瞑想《めいそう》をはじめ多くの宗教で制度化されており（注2）、戦前の日本では仏教の寺院のほかでもその効用が知られ、さまざまな道場が開かれていました。近年では、カトリックと日本の禅仏教徒との間の交流が行われ、宗教哲学者のなかに、静坐・呼吸が、自我の心の執着から脱却する方途と論じられたりしています（八木誠一『回心』）。さらに生理的に交感神経と副交感神経との調整の具体的効用が論証されているとのことです。

いずれにしても、梅岩の講話、テーマごとの輪講、そして梅岩自身が坐をともにする（緊張感の持続）静坐の指導によって、門下のなかから性を自覚する者が相次ぎました。その数は、梅岩生前の十数年を通して二百人に達したとの記録があります。

なおここで、梅岩の運動と既存の禅仏教について一言述べておく必要があります。梅岩は門下の指導に際して禅宗の寺院とは一線を画しています。日本の禅宗、特に臨済宗では、日常的な作《さ》務《む》について、坐禅（足を組む結跏趺坐《けっかふざ》）・公案（本来の面目など）、入室、そして見性《けんしょう》などきびしいカリキュラムがありますが、梅岩はこれらの方式や用語をつとめて避けており、肝心な見性については「発明《はつめい》」と呼んでいます。こうした側面は、のちの石門心学において継承されています。

禁欲主義と異なる梅岩の言行

さて、活動を始めて十年近くがたち、梅岩が満五〇歳をこえる頃には、京都において彼の提唱する商人道の運動は確実な評価を博し、数多く存在した学塾のどこにもまして受講者、門下生を集めるようになったようです。講釈の依頼も始まり、商家の主人ばかりでなく奉公人ぐるみを相手にすることもありました。既成の学者と武士たちからは、町人学者として蔑視され、儒学者や神道のグループなどから、激しい論争をいどまれていますが、「怯《ひ》るむところなく応じ」ています。さらに、京都近郊の淀藩の代官など、ごく少数ながら為政者の側からも門下が現れました。

このように梅岩は、町人の学者として、世評と敬意をかちえましたが、生活は初期と変わるところがなく、聴衆から謝礼をいっさい求めませんでした。生活費は、余裕ある商家からの祝儀などでまかない、過分なものは固辞し、晩年になると講釈に指導に多忙な毎日を送りながらも、独身の質素な生活を生涯通しました。そのかわり貧窮者の群れや火災を知れば、率先して門弟とかけつけ、ボランティアとして救済につとめています。自己反省と修養を怠らず、晩年になって周囲の人々にこう述懐しています。自分は五〇歳頃までは、他人と意見が異なると不機嫌になったが、六〇歳近くになるとそれがなくなり、「楽になった」と。

とはいえ、梅岩は決して禁欲主義者でもなければ、のちに誤解されたような頑固な道学者でもありませんでした。微妙なところですが、重要なことであり、この点を指摘しておかねばなりません。『語録』や『事跡』それに書簡をみると、誰にもまして花鳥風月を賞《め》で、座談や作歌に興じています。ときには遊興さえ嫌うことなく、隣人を愛し、人生を楽しみました。ある年の秋に、隣国に洪水があったにもかかわらず、門弟を促して月見の宴を張ったことがありました。それについて批判をする者があると、「親しく交る朋友《ほうゆう》を楽しむにも憂《うれ》ふるにも親しみを以つてせんが為なり」（日頃親しく交際している友人たちにたいし、楽しみも悲しみも、これをともにするためです）と、答えています（『事跡』）。禁欲も、とらわれてはならない、ということです。

『道を得て其の道を道とせば道に非ず』（老子）

講席を開いて十年目、一七三八（元文三）年に主著『都鄙問答』の執筆にとりかかり、門弟たちと入念な検討と校訂を重ねたうえ、翌年に公刊しました。ついで一七四四（延享元）年に『倹《けん》約《やく》斉家《さいか》論《ろん》』を出版、京・大坂の商工業者の間に反響を呼び、『都鄙問答』とともに版を重ねることとなりました。究極的な内在たる「性」の哲学を、彼の禅体験にそくして問答形式で精緻に叙述した『莫妄想《まくもうそう》』も執筆されました。

この間、世の中も商工業のビジネスも、初期の享保の改革をへて、より秩序の形成へと向かっていました。幕府は、米・貨幣の相場にたいする権力による一方的統制を改め、堂島米市場はじめ商品市場の活動を認め、同業者のあいだの株仲間を公認することとし、これにたいし業種・業態別に各都市の商人間で仲間組織が結成されました（同時に仲間単位の運上《うんじょう》＝営業税を負担）。こうした背景のもとに、商人の経営も概して堅実、安定を指向するようになりました。元禄時代の奔放な発展、それに次ぐ享保の試練をへて、石門心学の研究者竹中靖一氏がかつて指摘したように、「本商人」（当時独立の農民を「本百姓」といいました）の意識と自覚を確立しようとした、石田梅岩の意図は報われつつあったといえましょう。

なお絶筆となった『莫妄想』で、「道」の哲学が説かれていることに触れておくべきでしょう。すなわちここで「道を得て其の道を道とせば道に非ず（老子）」（道は、これがそうだと思って、そのあり方を何かの言葉や概念で定めれば、それにとらわれてしまい、本当の道が見失われる）をひいて、道を特定の言葉で表現したり、具体的な倫理規定として説くべきでない、としています。ここに西洋の哲学の論理と日本や東洋の哲学の思考の相違がみられるともいえます。ここでは立ちいりませんが、本書において日本の経営の「道」の系譜を考えてゆく際に、「道」が人間の本質的なありようであっても、原理主義やドグマ（独断）を嫌うことを念頭におく必要があります。

『倹約斉家論』を世に出した一七四四（延享元）年九月二三日、病床にあった石田梅岩は世を去りました。六〇歳でした。身のまわりには生活用品と書籍のほか、一物もなかったと伝えられています。

梅岩の急逝は、もとより門下生と後援者に大きな衝撃を与えました。しかし、所々方々で代講を務めていた直門の弟子たちは、師の志を継いで休むことなく講釈と学習を続けました。そして、この年一一月には、師の墓前で、一致団結して布教を継続することを申し合わせています。

このように石田梅岩の活動は一五年ほどの比較的短い年月で、『都鄙問答』の刊行後は五年ほどにとどまっています。しかし、この間に大坂で講席を開いて活発な質疑に応じ、さらに、九州熊本の朱子学派の行藤志摩守なる神官の来訪を受け、同門の森岩見守と称する儒家からの書面による質疑にも応じていることが知られています（柴田、前掲書）。書籍の出版が限られていた当時（書店が出版業者を兼営していました）、九州にまで読者がいたことは、『都鄙問答』の評価と影響の一端が知られます。

経済学者としての石田梅岩

江戸中期、ほぼ元禄から享保にわたる石田梅岩の生涯、織物業の経営から商人道の提唱、普及運動の人生は、これまでみてきたように、ちょうど近世の市場経済が全国的に発展した一時代でした。同じ京都といっても、幼少の頃に見聞きした世の中と、『都鄙問答』はじめ著作を世に出した頃の世界とはずいぶん変化しました。本書の巻頭の序説の中に原文を引用しましたが、『斉家論』の中で梅岩は、北は北海道の海産物から東は関東各地産の織物類まで、京都に安全・確実に届くようになり、また農工商のだれしもが自宅で安心して生業にいそしむようになった、と率直な感想を記しています。

さて、再三ふれましたが、こうした市場経済の持続的ないし進化的成長には、商工業ビジネスの側で倫理・道徳の自覚と言動が必要となりますし、さらには市場経済そのものについての客観的な認識と理解、すなわち経済学が求められます。一八世紀の日本もイギリスも同じでした。

石田梅岩は、『都鄙問答』以下の著作と講話で商人道とそれが拠って立つ哲学（性善説）について多大のエネルギーを費やしましたが、ひと言ふれると、イギリスのA・スミスも、長年にわたる学究生活（彼の場合はグラスゴー大学など大学）を通じて、人間と社会とモラルを研究し、『道徳感情論』（*The Theory of Moral Sentiments*, 1759）を刊行しています。次いで執筆した政治経済学たるかの『諸国民の富』とともに厖大な文献ですが、ともに当時の人間学の部分に当りま す。したがって全体の構成は、関係諸学（歴史・法学・政治学・倫理学など）に及び、その上、論理学・修辞学を十分に視野に入れた著述です（当時の学問の科学たる必要からです）。もっとも、東洋でも当時の朱子学儒教は、人類史から宇宙論まで含む体系に発展していますから、相通ずるところがあります。

それはともかく晩年の石田梅岩は、国内のあらゆる地方のあらゆる主要な財貨が商品（貨幣化）となり、生産者のもとを離れて、複数の商人の手を経て、最後には消費者に届けられる。この間には市場取引を経ており、一物一価となる仕組みになっていることを発見しています。そして、農工商のすべてがこの働きを担っており、商品価値の創造に参加していると論じています（『都鄙問答』巻之二）。こうした仕組みと働きこそ経済活動であって、おそらく『都鄙問答』以前に論じた者はなく、石田梅岩をもって日本最初の経済学者といえるでしょう。

また『都鄙問答』では、つねに変動してやまない市場価値（相場の価格）とその実体たる価値とを区別しており、価値を生まない武士階級は、農工商人が創出した価値の剰余部分の配分にあずかっている（治安と行政、すなわち公務員としての必要部分）、と論述しています。「武士の俸禄も商人の利益と同じ」というのは、価値の源泉は共通との『都鄙問答』の価値論の本質からの立論です。

「経世済民」というのは、石田梅岩を含め江戸中期以降の学者・識者によって、しばしば政治経済学の意味で用いられていますが、『都鄙問答』から後には、しばしば深刻化した幕府諸藩の財政危機対策などの場合の経済政策の必要にひろく使われています。

ところで『都鄙問答』以後、経済学、経済原論的なことがほとんど論じられなくなるのは、石田梅岩の説がもっともとしてうけいれられ、価値論など経済理論、経済原論は扱われなくなったのではないか、と考えられます。

注1　既出の柴田実『石田梅岩』所載の策問の一つ。策問は、臨済宗の禅の公案に当るものです。
注2　瞑想のあり方と効果については八木誠一『創造的空への道』（ぷねうま舎、二〇一八年）第五章が立ち入って記していますが、本書の梅岩の静坐、発明とほぼ同一です。

第三部　江戸時代の石門心学

第一章　後継者手島堵庵《てしまとあん》と心学運動

石田梅岩の没後ほどなく、後継者によって梅岩の思想と教化運動は「石門心学」と称され、当時の先進地帯の京・大坂の商人の世界に声価を得ました。その後石門心学は、松平定信の寛政の改革（一七八七〜九三）に際会して、江戸の幕閣の諸大名のなかに信用を得、関西とちがって関東においては武士階級に少なからぬ影響を及ぼしました。以来石門心学は、幕末まで一世紀近い間、全国的に普及し続けました。こうした江戸時代の石門心学の発展は、近世日本における教育の普及と軌を一にしており、幕末には民衆の道徳教育と密接に結びついたりしました。

明治以後の近代日本の時代になると心学は、江戸時代の社会経済や思想の学問的研究の一つのテーマとして、教育学、経済史、思想史といった専門的にも、また学際《インターディシプリナリー》的にも興味ある対象と感じられるようになりました。そこで、内外の意欲的な研究者によって、石田梅岩にさかのぼる心学の積極的な研究が行われ、深められてきました。以下の第三部では、政権を含む時代背景、市場経済の変遷と商家経営に即して、石門心学の発展、そして変容を述べてみたいと思います。

なお、過去における石門心学についての実証的な学問的研究について触れると、戦前に石川謙『石門心学史の研究』（岩波書店、一九三八年）、戦後に竹中靖一『石門心学の経済思想』（ミネルヴァ書房、一九六二年）という詳細な著作が刊行されており、とりわけ前者は、多年にわたって収集された全国各地の一次的諸資料を丹念に整理、紹介し、教育史の立場から綿密な分析を加えており、こと石門心学についてはほかの追従を許さない労作であります。したがって、理解や論点を別として、以下の記述も素材の大半は、これら二書、特に前者に依存するものです。

有能な門下の手島堵庵

さて石門心学は、梅岩が伝道を始めた頃から少なからぬ優秀な門下を得ています。とりわけ手《て》島《しま》堵《と》庵《あん》（一七一八〈享保三〉～八六〈天明六〉）という梅岩在世中はいまだ若年であった、俊敏な後継者に恵まれました。手島堵庵は、近江屋嘉左衛門といい、京都の豊かな商家出身で、学問的な素養にすぐれていたばかりでなく、集団のリーダーとしても稀な能力の持ち主であって、石田梅岩が始めたユニークな講釈、討論と修行の活動を継承し、石門心学として発展させることに大いに成功しました。石門心学の心学たる所以が、後継者の堵庵の人物と活動にあることについては研究者たちの意見が一致しているところです。

梅岩は商業ビジネスの思想運動の創始者として傑出していたとはいえ、ひとりで説教を始め、「来る者は拒《こば》まず、去る者は追わず」の態度であり、彼の影響力はいまだ京・大坂とその周辺の商家に限られました。それにたいし堵庵は、師の思想の組織的な普及をはかり、石門心学はその後二十数年で京・大坂から全国に向かって発展をとげるにいたります。

ちなみに、心学という言葉それ自体は、「心に省《かえり》みつつ身に践《ふ》み行う」という意味で、江戸初期の学者・文人によって使われ始めたといわれ、石田梅岩の時代に、作者不詳ながら『心学五倫《ごりん》書《しょ》』という通俗的な道徳書があり、いろいろな書名で刊行されていたといわれます。

そこで手島堵庵はじめ梅岩の弟子たちは、混同をさけるために梅岩の教えを特に「石門心学」と称したといわれます。まもなく石門心学は、その思想的な長所と組織的な運動とによって、従来のほかの心学を一掃してしまい、心学といえば、もっぱら石門心学を指すものとなりました。

手島堵庵は、高房《たかふさ》ともいい、一七一八（享保三）年に京都の商家に生まれ（父は既述の上河宗義）、一八歳のときに梅岩に師事し、『都鄙問答』の校訂に参加を許されるほど才能を認められました。師の没後、しばらく家業の経営にいそしんだのち、一七六〇（宝暦一〇）年に同門の人々と師の一七回忌の法要をいとなみ、その席で推されて正式な後継者として講席を開きました。まもなく正統的な教学の研鑽のためと、師の経歴と言行を後世に伝えるために、『石田先生語録』（注1）の編纂にとりかかり、七年後に完成しました。

一七六五（明和二）年に京都富小路三条に、常設の講席を設け、これを心学講舎と称しました。ついでかつての梅岩の門弟らとともに、京都の講舎を中心に京・大坂および各地で次々に石門心学の講席を開いたところ、どこでも数百人の聴衆がつめかけるという評価を得たといわれます。

手島堵庵は、組織的な運動のリーダーとしての意欲と能力の持ち主で、心学講舎を次々に開設し、あらためて京都に三舎（修正舎《しゅうせい》・自習舎《じしゅう》・明倫舎《めいりん》）、大坂に二舎を置くとともに、運動の組織と規律に心を用いました。思想的な運動がいったん社会的に普及し始めると、教義の多様化や分派の発生がさけがたいばかりでなく、分裂や対立、さらには頽廃や政治権力からの抑圧が起こりやすいことを知っていたからでしょう。心学の講舎は、自宅ないし知人の家からスタートし、新築の場合は簡素を旨とし、運営はボランティアの担当（都講）でまかなうなど、出費の節約がはかられ、聴講は無料とされました。

堵庵は、石門心学の講師や教師の資格を定め、本心発明者には京都の三舎で印可《いんか》（証明書）を与えることにし、有資格者を各地に派遣して、運動の健全な発展をはかることにしました。講席でのテキストも定められました。儒教の古典と梅岩の著作や『徒然草』などですが、もとより『都鄙問答』がもっとも重要で、いわゆる宝暦本が刊行されました（本書で引用したのもこの宝暦本です）。そのほか、講師や同僚などの参加者たち（舎中《しゃちゅう》）にたいして、梅岩にならって定期的な研究会たる会輔《かいほ》を設けてお互い切磋琢磨にはげむ半面、一般大衆には心学の押しつけをいましめたことなども、手島堵庵が、心学の普及についての使命感と、稀な資質・能力の持ち主であったことをうかがわせます（石川謙『石門心学史の研究』）。

キーワードとしての「本心」

心学運動の発展の具体的な側面として、堵庵が心学と称したことばかりでなく、教学の中心に「心」を据えたことが注目に値します。すでによく知られているところですが、「心」に焦点をあてたことは、心学を、身分や階級を超えた思想運動に発展させる契機になりました。たしかに師の石田梅岩も、「心を知るを学問の初めとし終りとす」、「心を知るときは天理は其中に備《そなは》る」、「悟る心は一なり」と説き、道の究極としての「心」と「一」を強調しました。とはいえ梅岩の場合は、当時の学者あるいは学派のなかでやかましく論じられていた「性」と「理」というような、人間や自然の究極的本性についての哲学を、立ちいって論じないわけにいきませんでした。

これにたいし堵庵の石門心学では、そうした議論は、師の梅岩の『都鄙問答』において決着がついたとして、もっぱら「心」、それも誰しもが本来もっている「本心《ほんしん》」という用語を積極的に用いて、人々を納得させることにしたのでした。すなわち堵庵は、人々の身近な哲学として、身勝手な「私案《しあん》（自我《エゴ》）」とは区別される「本心（自己《セルフ》）」の存在を強調し（自己による自我の統合の自覚）、この立場で「他人《ひと》をたてれば己《おの》れもたつ」と説きました。本心に、修養と反省の原点を置くことによって、人々のモラル、つまり道徳的な感性にうったえたのです。（注2）

なお、参加者や聴衆にたいして、心学の「本心」が、当時畿内一帯に影響力をもっていた盤珪《ばんけい》禅師（第二部第一章参照）の「不生《ふしょう》」の禅と異同について問われることがありましたが、これにたいしては、「全く同じ」と説明し、師の梅岩以来の開かれた態度を貫き通しています（「本心」は、私心〈我執〉を離れると、容易に会得できる、と説明しています）。

明和・安永時代と田沼政権

手島堵庵がリーダーの時代は、明和・安永（一七六四〜八一）の十代将軍家治《いえはる》の治世で、側用《そばよう》人《にん》出身の老中田沼意次《たぬまおきつぐ》が実権を握っていた一時代として知られています。田沼は、専制・利権の政治と放漫な財政とで、幕政と社会とを腐敗させた元凶と非難され、現代の歴史家からもしばしば批判の対象とされています。しかし彼が、市場経済の成長を不可避と考え、財政緩和と商業発展を可としたことは否定できません。貨幣制度の改革（二朱銀の硬貨の発行、金銀比価の安定など）は、市場経済の発展の便をはかったというべき政策でありますし、「放漫」といわれるインフレ助長的な財政方針についても、この時代を通ずる物価動向の研究によると、かなり安定的であったことが確認されています（前掲、宮本『近世日本の市場経済』）。

また田沼政権の時代においては、以前の幕閣政権と違って、商人の富の蓄積と奢侈生活が眼に余るとみると、「身分不相応」として「闕所《けっしょ》（財産没収）」にしたり、越度《おちど》を見つけるとすぐに処罰（死罪）するような行動（注3）は、あまり見られなくなっています。

この時期は、知識人を代表する西川如見の商人論の著作（既出）が貝原益軒の養生論（健康論）とならんで流布されていますから、田沼政権の町人観・商人観も西川如見と同様であったろうと思われます。この点は、市場的活動を認めると同時に、商人を税収の重要な対象（運上《うんじょう》・冥加《みょうが》金《きん》）として、ところきらわず徴収したところに特徴的に示されています。

ところで田沼政権は、市場経済の発展の負の側面を軽視ないし無視したところに大きな欠陥がありました。財政規律と社会的モラルの低下、所得格差の助長、旗本・武士の窮乏、無産者や窮民の増大、治安の悪化などがそれで、これら失政・弊害は、天明年間（一七八一〜八九）の相次ぐ災害（浅間山噴火、度重なる東日本の旱魃など）に際会すると一挙に表面化し、激しい幕政批判を招きました。その結果、寛政の改革を呼び起こすことになります。

市場経済の発展と石門心学

さてこの時代になると、商業経営は、地域別、業種別、そして問屋・仲買い・小売りというような業態別の専門化が進行し、幕府の支持を得て、同業者の組合たる株仲間の組織が網の目のように拡大しました。運上のほかに冥加金と呼ばれたさまざまな営業税が仲間に課せられるとともに、商家経営は、仲間の公認をたてに、多かれ少なかれアウトサイダーの参入から保護されるようになりました。こうした商工業ビジネスの専門化と組織化の傾向は、競争（そういう用語はありませんでしたが）を抑制しがちであったことは否定できませんが、商人の信用を高め、都市における秩序ある商取引の発達をもたらしたことも事実です。市場経済はさらに発達し、米の中央市場たる大坂堂島の米相場では先物取引の一種の「帳合取引」が制度化されました（後述）。

商工業ビジネスは、より堅実な経営と存続が目標となり、理念とされたといえます。ことに京・大坂ではそうでした。都市の有力な商家は、がいしてより着実な取引の拡大と、業績の安定的な成長をみるようになりました。東は上州、西は伯州まで仕入店をおき、三大都市でそれぞれ金融業と呉服（絹・太物〈木綿〉）業の大店舗をいとなむ三井家の総資産は、明和年間（一七六四〜七二）に八万貫（約一三〇万両）をこえ、ピークに達したことが知られています（三井文庫『三井事業史』本編第一巻）。

こうした市場経済の進歩と発展、商人社会の成長が、商業ビジネスの意義とモラルを強調し、堅実経営の必要を説く、『都鄙問答』や心学のような教説と、直接・間接にかかわることは容易に想像されるところです。

職人の世界への心学の影響もこの頃から現れています。職人の職業倫理の研究者によると、一七七四（安永三）年には職人の処世の心得の書が刊行されており、ここでは、職人は平生の心がけが何より大切で、「職分をわき目をふらず精出し、律義《りちぎ》を根生《こんじょう》とし」、「一日怠れば一日の損ありと心得べきこと」が説かれています。そして職人は、たとえ富豪にならなくても、家職の継承を期すべきことが道とされました（島田燁子『日本人の職業倫理』）。

手島堵庵がリーダーの石門心学の運動は、出版文化の生成を含めて、時勢に即するものでした。『都鄙問答』『倹約斉家論』ばかりでなく、『石田先生事蹟』『石田先生語録』のような著作も出版され、ひろく読まれたらしく、明和期には筆写本が伝えられています。堵庵自身が文学的な教養の持ち主で、この頃から数々の講舎用の解説本を執筆・出版し、これら出版物を通しても京・大坂方面では石田梅岩や石門心学が世にひろく知られるにいたりました。加えて堵庵の周辺には、布施松翁《ふせしょうおう》、鎌田一窓《かまたいっそう》、斎藤全門《ぜんもん》、中沢道二《どうに》など、心学者といわれる人々が相次いて現れ、彼ら自身が「心」と「道」にかかわる著作を執筆するようになりました。（注４）

江戸時代の道徳教育のテキストとしては、これより先、すでに八代将軍吉宗の命を受けて、荻生徂徠訓読の『六諭衍義大意《りくゆえんぎたいい》』（中国清朝の道徳教育の書）を、儒学者として高名な室鳩巣《むろきゅうそう》（一六五八～一七三四）が編集し、江戸市中の寺子屋の教材として使われていました。しかし中国の例が数多く記述され、単に忠孝や仁義、礼智、長幼の序を説いた民衆教化のこの書物は、やがて人々があきたらなくなったことは明らかでした。

こうした風潮のもとに、堵庵は、門下の講師をともない、京・大坂周辺に限らず、近江（滋賀県）、山城（京都府）、播磨（兵庫県）、大和（奈良県）、伊勢（三重県）から大垣（岐阜県）などを歴訪し、また「会友大旨」など心学の心得書を配布し、関係者の規律ある行動につとめました。その結果、彼が布教した所は、一〇カ国に及び、京都を別として生前に畿内地方を中心に二二カ所に講舎を設立しました。

こうした心学講舎の繁昌ぶりは、講舎がたくさんの人々で溢れている様子の当時の絵をはじめ、諸記録類がたくさん保存されています。心学は無料で受講でき、子供のしつけや教身の場として迎えられたので、堵庵は「前講」と称する子供向けの講演を開講し、前講向けの心学のテキストにはじまる「道話」を作成、配布したりしています。やがて道話は、後述するように、時とともに石門心学を特徴づけることになります。

手島堵庵は、こうして石門心学の発展の成功に著しく貢献しました。しかし惜しむらくは、彼は石田梅岩の経済学や経営学を消化、吸収し、より発展させることはありませんでした。また、堵庵は梅岩の学問も知悉していたのですが、幕府・諸藩の政策を論評、批判することは一切しませんでした。そして経済学は、京都の心学講舎でなく、むしろ市場経済の要となった大坂の懐徳《かいとく》堂《どう》（一七二六年、中井甃庵《しゅうあん》らによって設立）で学習・研究され、継承されてゆきます。この点は後述するところです。

注1　『石田梅岩語録』は【抄】として「石門心学」（『日本思想大系42巻』三三頁以下）に所収されています。なお同書巻末には柴田実「解説」が付されており、石田梅岩ならびに石門心学の研究についてのゆきとどいた手引きとなっています。

注2　手島堵庵の思想と哲学については、興味深い堵庵著『知《ち》心弁疑《しんべんぎ》』が前掲の「石門心学」（『日本思想大系42巻』一三一頁以下）に所収されており、詳しくは同書を参照してください。

注3　三井高房「町人考見録」（『日本思想大系59巻』「近世町人思想」所収）は、これまでの時代に京都の両替商はじめ商人がいかに過酷に処罰されたかの事例にみちています。

注4　当時の心学者たちの著作については、ここでは紹介を省略します。前掲の石川謙、竹中靖一の諸著作、特に後者に詳しく記述されています。

第二章　寛政改革と関東心学

松平定信の寛政改革と石門心学

『都鄙問答』の都は、学問と文化が進歩していた京都のことであり、梅岩が念頭に置いたのも京・大坂とその周辺の当時の先進地域であって、徳川幕府の所在地たる江戸は遠い彼方《かなた》でありました。ところが、石門心学が関西で確実な地歩を築いてまもなく、江戸幕府の寛政の改革に際会すると、改革の立役者たる老中松平定信によって石門心学が見出され、為政者たる大名や武士の評価を受けることになりました。事実、田沼政権のもとに〝万事金《ばんじかね》の世の中〟になったところに、京都発の心学という「無報酬」の商人のユニークで、清廉な運動が、京・大坂の上方に起こっていることは江戸にもすでに知られていました。評判を聞いて、白河藩主で政治・経済の改革を志す松平定信とその周辺が、心学の動きに関心を寄せたことは十分にありうることでした。

かくて石門心学は、京・大坂を中心とした畿内のみならず、江戸をはじめ関東一円に発展し、その影響は東北まで及ぶこととなりました。石田梅岩の講席以来、官学の中枢から異端視されてきた石門心学が、武家社会の中核たる江戸の幕閣によって認識され、支援されたことは、京都の明倫舎はじめ心学関係者にとって予想外の、驚くべきことであったに相違ありません。事実、松平定信から率直に評価されたことは、石門心学の発展の上で特筆すべきことでした。

松平定信（一七五八〈宝暦八〉～一八二九〈文政一二〉）は、八代将軍徳川吉宗の孫にあたる名家の出身の上、その学問好きと英才ぶりは少年の頃からひろく知られていました。譜代の白河城主に迎えられた頃からは、当時の田沼政権に批判的な若い世代の譜代大名や旗本、武士から、時代の転換、ないし改革にふさわしい幕閣のリーダーとして大いに期待されていました。一七八七（天明七）年、江戸市内に暴動と打壊しが起こり、失政の責任者として田沼意次が老中を罷免されるにいたって、世望を担うかたちで松平定信が老中、ついで老中首座に就任すると彼は、改革を望む周囲の譜代大名を相次いで登用し、寛政の改革と称される一連の諸改革に乗り出しました。

老中となった定信は、老練な政治家で、改革を実行するに際しては反対勢力との摩擦を避け、慎重な態度に終始し、外聞よりも実をあげるようつとめています。学問や教育については特にそうでした。寛政改革をみてゆくにもこの点にあらかじめ留意が必要です。

さて松平定信の改革の概要は、すでに知られているように、廉直《れんちょく》な政治を掲げ人事を刷新した上で、相対済令《あいたいすましれい》（五年以上の長期の借財の廃棄など）を布達して、旗本御家人の救済を試み、財政を緊縮に転換しました。また幕府諸藩にたいし、天災や飢饉の対策として備蓄の諸施設を制度化し、浮浪人や貧民対策（後述）を講ずるなど、田沼政権の負の遺産の清算と改善につとめました。市場経済と商人の発展にたいしては田沼政権と同様に不可避と考えましたが、無原則な課税（運上・冥加）についてはこれを全面的にみなおしています。

学問と教育についていては、定信がもっとも重視したところです。寛政の改革というと、「異学の禁」の発令をもって、定信政権の反動、そして自由の抑圧政策と批判されています。たしかに林子平の『開国兵談』は発禁されました。しかし、「異学の禁」は、多分に幕府内外の保守派・旧守的勢力に対する名目であって、事実は異なりました。石門心学に対する方針はその好例です。

一七九〇（寛政二）年、老中首座となった松平定信は、世襲であった林大学頭《はやしだいがくのかみ》をさしおいて、孔子廟に隣接して昌平黌《しょうへいこう》を設立しました。名目では朱子学の学習を掲げながら、この学問所を幕府直轄とし、身分の上下、士庶の別なく入門を可とし、門戸を開きました。その結果、昌平黌はしだいに距離の離れた諸藩からも入学者が集まり、中国の「科挙」と似た事実上の国家試験の場、そして実力ある官僚養成の機関として機能するようになります。

松平定信の政権は、文教政策については従来通り朱子学の範囲との態度を示し、また林大学頭は、石門心学は朱子学に非ずと声明した（注1）（寛政四年頃）ものの、現実には石門心学の活動に対する幕府の対応はまことに寛容でした。むしろ、江戸に心学布教に来た中沢道二《どうに》にたいしては、これを助力・支援する態度で臨んでいます。

ここで、江戸において関東の心学活動を担当した中沢道二（一七二五〈享保一〇〉～一八〇三〈享和三〉）を紹介すると、京都の織物業の職人の出身で、幼少の頃に両親を失い、少年時代は機屋で辛苦の奉公人生活を経験しています。長じてからは両親が信仰していた法華宗に帰依しましたが、お題目の〝妙法〟をどうしても会得することができず、禅宗に転じて修行にはげみ、悟道・見性したといいます。学究心と求道心のすこぶる強い人物だったことが知られます。

中年になって布施弘道からの縁で石門心学に学び、手島堵庵の門下となりました。そして京都の心学三舎の都講、すなわち庶務・事務扱いを勤めているところで、堵庵から江戸での心学布教に派遣されています。

定信周辺の諸大名と中沢道二

さて、中沢道二が江戸に赴任したのは、寛政改革を数年先だつ天明年間のことといわれます。石門心学は、江戸では商人の世界で知られていたばかりでなく、松平定信周辺の数人の若手譜代大名たちの関心を集めていました。彼らは、改革派グループとして会合の場をもっており、これらの人々の中には『都鄙問答』を読んだり、上方《かみがた》の心学運動に注目する者が現れ、定信が老中に就任するより前に、中沢道二と接触を始めていました。

これらの大名たちは、田沼時代の物質主義から享楽的な世相・風潮にたいして、単なる批判をこえて、幕府自体の存続に危機感すらもっていました。これらの人々は、京・大坂に登場した無料で聴講できる新しい商人道に心をひかれていたのでしょう。なかには本多《ほんだ》忠可《ただよし》（播磨山崎藩主）、本多忠籌《ただかず》（陸奥泉藩主）や戸田氏教《うじのり》（大垣藩主）のように、はやくも『都鄙問答』や心学に傾倒していた大名もおりました。このことはすでに研究されています。

定信の老中就任の前年、本多忠可が幹事役で定信を盟主とする会合が戸田氏教の江戸藩邸に開かれた際に、中沢道二が招かれて石門心学について進講したのが大きな契機といわれています（『石門心学史の研究』）。これより少し前、本多忠可は中沢道二を藩邸に招き、家族と家臣同席で道話を聴聞し、大いに感銘を受け、すぐに入門したといわれます。ちなみにこの時の道話は、「蒔絵《まきえ》重箱《じゅうばこ》の話」（当時流行した蒔絵細工を施した昼食用の重箱は、物事の本質を忘れ、外見を尊ぶという価値観の倒錯があること）と、「杓子《しゃくし》菩薩《ぼさつ》の話」（菩薩は寺院の奥の院の人々の眼に見えない場所ではなく、日常の食器のようなものに宿っていること）というものでした。本多忠可の場合は、道二を師として心学修行につとめ、十日ほどで開眼したといわれています。本多忠可に次いで、心学の理解者や支持者が加わりましたが、彼らのなかから本多忠籌、松平伊豆守信明（三河）、牧野備前守忠精《ただきよ》（越後・長岡）、戸田氏教らは、松平政権の老中に抜擢されています。

なお、松平定信自身が、本多忠籌邸の会で中沢道二が進講した時に密かに臨席しており、「その道の流れもひろし海の月」と詠んだとの伝聞もあります（竹中靖一『石門心学の経済思想』）。京・大坂の商人と違って、武士特に大名・旗本や代官の場合は、世の中の指導者たるべく人格修行は当然のありようとされました。したがって、商人の場合よりも静坐や精神統一に抵抗が少なく、心学による発明（悟道）がより平易であったかもしれません。

松平定信の周辺との接触が功を奏すると、石門心学は天領での奉行、旗本へと伝わりました。

もとより、江戸の町人一般の人気を集めたことは容易に想像ができます。一七九一（寛政三）年、門下の旗本の寄進によって、神田小川町に江戸の拠点たる参前舎《さんぜんしゃ》の講舎が新築されると、ここには一二〇畳の広間がしつらえたと伝えられています。

領地をもつ奉行や旗本のなかには領民の教育や治安の上にも心学者を招く者もあり、中沢道二が幕閣の信用を得たことで、参前舎は大いに賑わうことになり、道二自身の諸大名・旗本たちへ定期的出講（月二回）はままならぬほど多忙になったといいます。松平定信自身は寛政七年に、自身の白河藩の領地に中沢道二の出講を求め、門下の北条玄養が代講しています。

なおこの間、江戸城の大奥に石門心学の影響が及んだことは興味あることです。周知のように、かの絵島生島《えじまいくしま》事件が起こり（一七一四年）、田沼意次の大奥接近が問題視されたりして、女性のみの大奥は、閉鎖性を強めたと思われますが、夫婦とも石門心学を学んだ浅井きをなる女性が長期にわたって心学を教え、本心を会得したものも少なくなかったといわれます。

江戸参前舎の繁忙と京都明倫舎との対立

さて、幕閣の支援を背景に中沢道二は、通常は参前舎の舎主としての講釈にあたるほか、同門の植松自謙や自身の門下として育成した北条玄養、関口保宣らを連れて、寛政年間を通じて関東の各地を精力的に巡講しています。そのほか隔年に本山たる京都の明倫舎も訪問しています。その結果、江戸の参前舎を拠点とする関東心学といわれる東日本の発展はめざましく、前後の十数年間において、関東心学の講舎は一二カ国にわたり二十数カ所以上の設立をみるにいたりました。

こうした関東の心学は、石田梅岩以来の京・大坂の商人を対象とし、地道な活動であった伝統的な心学と較べると、多分にブーム的な様相を呈しました。このため、京・大坂からみると異質な行動をともないました。梅岩にせよ堵庵にせよ、無報酬を原則としていましたし、かつ心学者（講師）になるには、かなりの修行と一定の資格が必要でした。それにたいし関東の心学では、発足したばかりの参前舎に多くの人々が集まり、無資格な自称心学者が出身地など各地に講舎を建てたり、講演をするなど、規律が守られておらず、内部でもトラブルが生じていました。

もとより、京都の本山たる明倫舎においては、江戸参前舎の心学に大きな批判が起こりました。天明以降この時期になると、手島堵庵の一門出身の上河《うえかわき》淇水《すい》が明倫舎の舎主となりましたが（堵庵の嫡子和庵は二代を継ぐも早世）、彼は、几帳面で、禁欲的《リゴラス》で、心学者にふさわしいところのある人物でした（彼は本山たる明倫舎の必要な経費〈支出〉を年間一〇両と定めています）。

淇水は、江戸参前舎の活発な活動自身が石門心学の趣旨に即さないと感じ、関東の講舎主が、京都三舎の認可を得ることなく活動していることは見逃せない、と判断したようです。関東の心学者にたいし、「破門」の措置を講じたりしています。彼は関東に劣らぬよう心学の普及に熱心で、自身が、門下を連れて近畿はもとより中国・四国・九州など西日本各地を巡講し、講舎の増大に努めています。心学者の養成にも積極的で、鎌田《かまだ》一窓《いっそう》、立川肥遯《ひとん》、奥田頼杖《らいじょう》ら少なからぬ心学継承の人材が現れています。

参前舎の内外のトラブルの根本的な要因の一つは、経済的なことにあったと思われます。関東の場合は、大名旗本にせよ、各地の奉行にせよ、心学の講師にたいし「報酬」（講舎の地代、扶持、若干の食品など）が支給され（道二はすべて記録）、心学活動に経済的に若干の余裕が生じたことは明らかです。東と西との対立は不可避でした。

江戸人足寄場と参前舎

松平定信の寛政改革の柱の一つに、無宿者、浮浪人、窮民などといわれた、都市特に江戸に在住の最下層の人々の救済問題がありました。これは市場経済の発展に際する負の副産物ともいうべき側面をもっており、治安の悪化は江戸幕府に課された大きな問題となっていました。すでにふれましたが、寛政に先立つ天明年間は、東北一帯に深刻な旱魃による飢饉の被害がはなはだしく、この時期に数十万人以上といわれる餓死者の発生をみたといわれています。ちなみに同じ東北にあっても、上杉鷹山《ようざん》の米沢藩がその備蓄施策によって餓死者を出さなかったことはよく知られています。これらの災害によって生じた多数の難民などが棄民となって江戸に流入するなど、その他の事情もあって無宿者が年々増加し、天明七年に江戸での暴動を呼び起こしました。

こうした深刻な事態から、治安の回復は猶予を許さないものとなりました。定信政権は、寛永

早々に江戸の佃島の埋め立て地において、この地に無宿者を収容して人足寄場とし、担当の奉行所を置いて無宿の人々の厚生や授産などを行うこととしました。その際、これらの人々の教育訓練と指導も必要と考えられ、道二の参前舎に委託することになりました。

中沢道二はこの用命を受けて、佃島に出張し、道話による指導を試みたところ、成果は上々であったといわれています。奉行所からは二人扶持が支給されています（注2）。翌年から、道二の門下の脇坂義堂《わきさかぎどう》が担当しています（文政二年から大島有隣《うりん》らが出講）。

参前舎の人足寄場の指導業務は、その後制度化され月三回の出講となり、幕末に及んでいます。江戸の人足寄場の教化の意義は注意に値します。これによって中沢道二は、上は幕府周辺の大名から下は無宿者にいたる、あらゆる階級、あらゆる身分の人々の心をつかむことに成功したわけで、石門心学は倫理的普遍性を立証したしたからです。道二は後半の生涯をあげて教化運動につくしていますが、こうした宗教的といえる信念を身につけたからでしょう。

注1　官学で朱子学派の林家は、もとより心学を異端視していましたが、寛政改革の時期には正式に石門心学を「朱子学に非ず」と再三声明したようです。これにたいし京都の上河淇水は、明倫舎主になるとすぐに、心学は「朱子学である」と声明しています。

注2　人足寄場顕彰会『人足寄場史』（創文社、一九七四年）のなかで、竹中靖一「江戸人足寄場と石門心学」などの記述によりますが、記録に乏しく、今後の研究が俟たれます。

第三章　江戸後期の石門心学の変容

市場経済と天保改革の失敗

石田梅岩の『都鄙問答』は商人道を説き、市場経済を基礎づける理論も提供しました。そして、石門心学は、商工業経営のための主体的な勢力の一つにまで成長しましたが、一八世紀末から一九世紀前半の江戸時代の後期になると、普及の反面、しだいに運動のリーダーたちも、受け容《い》れる人々においても変化が生じます。そして幕末には、商人道ないし新しいビジネス階級の主張というよりも、庶民の倫理・道徳へと変貌してゆきます。それは客観的な大きな時代の変化を反映するものでした。

以下では、まず江戸時代も後期から末期という時代の変遷の背景と、経済と経営のありようについて鳥瞰的にみてゆくことにしましょう。ここでも、市場経済そして教育や学問を視野に置かなければなりません。

一九世紀になってから一八六八年の明治維新にいたる時代を江戸後期とすれば、この時期は、文化・文政という江戸文化のいわゆる〝成熟〟に始まり、大塩の乱、天保の改革、安政の開港をへて幕末にいたる、「泰平から頽廃」が転じて「緊張と変革」に向かう一時代でした。

江戸時代の市場経済もこの時期になると、自給自足と在来技術という鎖国の限界があらわとなります。よく知られているところですが、欧米の先進諸国は一八世紀末から産業革命を経験し、工業化《インダストリゼーション》に向かっていた時期で、一九世紀の市場経済の発展はビジネス革命〈量産と量販・会社経営・保険・通信・会計〉をも呼び起こしました。江戸時代の日本とはまったく対照的で、科学と進歩の時代を迎えていたのです。

こうして江戸時代の後期になると、もはや幕藩封建主義という政治体制下では、社会的な矛盾が抑えがたく表面化するようになりました。この時期になっても幕府は、再三にわたる貨幣の改鋳による収入の増加をはかりますが、功を奏さなくなりました（諸藩にしても同じで、藩札《はんさつ》を発行しますが、抜本策にはなりませんでした）。かくて幕府・諸藩の財政・物価対策は行き詰まりの色が濃くなっていました。

水野忠邦による天保の改革（一八四一〜四三）と呼ばれた社会経済の改革は、幕府の政策の無力化をはっきり示すものでした。彼は江戸の旗本・御家人の生活難を改善するため、徳川吉宗の享保時代に復帰することをめざして、倹約励行・風俗矯正・奢侈取締りの徹底を掲げました。そして一方で物価高の原因として株仲間の解散を命ずるとともに、他方では商品の小売価格の一律引下げを命令し、職人・日雇いの賃金まで幕府が公定するなど、公権力を最大に駆使して経済改革へのとり組みが行われました。しかし、市場の動向を無視した政策では事態を混乱させるばかりで、何らの成果もあげえませんでした。そのあげく、嘉永六（一八五三）年のペリー来航と翌年の安政の開港をみるにいたって、幕府の権威の失墜と統制力の喪失は決定的となり、財政の破綻と物価の急騰によって、幕藩体制はとうとう経済的にも破局に向かうにいたります。

さて、ややさかのぼって、この時代の初めの文化・文政といわれた一時代（一八〇四～二九）は、江戸の社会が表面的には最後の〝泰平を謳歌〟した時代でした。再三災害にみまわれたものの、大江戸が繁昌しました。人口において、ロンドンやパリをはるかに凌ぐ大都市（百数十万人）に成長した江戸の社会にふれると、歌舞伎芝居をはじめ、常磐津《ときわず》・清本《きよもと》などの浄瑠璃の音楽や、北斎・広重らの浮世絵などに代表される文化・遊芸は町民にとって日常生活化し、出版文化が向上し、瓦版《かわらばん》（新聞）が頻繁に発行されるようになりました。人口が密集した日本橋をはじめ下町の表通りは、倉庫、問屋街と、商品別に細分化した小売店舗が軒を並べ、それらの店の間には各種の料理屋や寄席が繁昌しており、庶民の生活にはむろん限界があったといえ、いっそう向上しました。同時に、贅《ぜい》を好む風潮が瀰漫《びまん》し、遊里が栄えるなど、頽廃的なムードが生じました。

その反面、市場経済の発展から文化・文政期は競争がはげしく、好不況の景気の変化も著しくなった時代でした。（注1）

天保の改革は、こうした化政期以来の享楽的な世間の風潮に対する武士の道徳感情と不満を背景とするものでもありました。したがって幕府の統制は日常の衣食住から出版・文化・娯楽にわたり、「微に入り細《さい》を穿《うが》つ」ものでした。特に奢侈の取り締まりは厳格をきわめ、禁令は呉服店の経営の検査にも及びました。天保一二（一八四一）年に三井家の当主八代八郎右衛門高福《たかよし》は、越後屋で縮緬《ちりめん》のような絹織物を売買したというかどで、白木屋など同業者一九軒の当主とともに、幕府勘定所から吟味《ぎんみ》のうえ、謹慎をよぎなくされました。このため同業者のなかで倒産も相次ぐという事件が起こっています。

この江戸後期になると、日本の人口や経済成長はしだいに停滞的となっていますが、過去一世紀にわたって都市の成長と繁栄をもたらした都市商人たちの進取的な精神や創造的な活動も徐々に衰弱をみせるようになってきます。販売、仕入あるいは宣伝、海陸の輸送さらには簿記・会計のしくみなどをみても、初期から中期の進歩・発展とは対照的に、これといっためざましい発展がみられません。有力な商家のなかには祖法墨守《そほうぼくしゅ》的な行動様式が日常化し、むしろ仲間組織による排他的な行動がしばしばめだつようになります。連綿と家業を発展させてきた富商たち、三井・鴻池・住友・小野・天王寺屋など各家、あるいは白木屋・松坂屋・大丸など大呉服店などの経営も、信用と人気が維持されたといえ、概して成長が停滞ぎみにいたりました。

経営史家の研究によると、支店・分店あるいは分家（家族メンバーの独立）や別家（奉公人の独立）を排出した、かつての旺盛な革新と成長力は、どの伝統ある富商についてみても乏しくなっています（安岡重明『財閥形成史の研究』）。ビジネスの競争（勝負などといわれた）のもとで創造的努力はもちろん重要でしたが、それも「磨きたる上にも精々を加える」（工夫・仕上げにもますます丹精につとめる＝白木屋「訓示」文政一二年）というような、きめの細かい配慮やサービスが、より重視されるようになっています。

進取的で創造的な努力と、新しい商業の発展は、近江商人や北前船（北陸から北海道に進出した海運業）などに代表されるような大都市商人とは別のタイプの商人たちや、農村のいわゆる在《ざい》郷《ごう》商人の地道な経営に、よりみい出せるようになります（注2）。さらに経済全体の観点からすれば、市場経済の発展と進化の要素は、農村に移り、綿織物に代表される製造業における技術の進歩や経営の改善も、中央より地方において顕著にみられるようになります。

心学の普及と山片蟠桃《やまがたばんとう》の経済学

ところでこうした江戸後期とりわけ文化・文政期においても、教育の普及と学問の進歩については、ともに持続したことは指摘しなければなりません。

前章で述べたような教育・学問重視の寛政の改革以来、幕府の学問所、諸藩の藩校の設置は、一九世紀になってさらに発展しました。いわゆる寺子屋は、都市から農村まで普及し続けており、「読み書き」のリテラシーは全国的に向上し、幕末には男子人口の五〇％を超えて、イギリスを凌駕したといわれます。

石門心学については、畿内から関東へ、そして全国に向かって普及し続け、大都市から地方都市や農村に向かって伸展しました。文政年間（一八二〇年代）には、講舎の設立は三四カ国、一三〇カ所に達しました（廃舎の数も少なくなく、文政末年には常設の講舎は約八〇といわれます）。幕末には、広島を拠点とする心学が隆盛となり、中国・四国・九州の西日本一帯に広がり、心学の影響は日本全国に広がりました（石川謙『石門心学史の研究』）。

したがって心学者といわれる講師の数は、以前とは比較にならないほど著しく増加したわけです。本書でもそのなかの数人について記していますが、しかし、梅岩直門の手島堵庵と同様に、心学者のなかには経済学ないし経済学者として特記すべき人物や論述は見当たりません。とはいえ、この時代を通して有力な諸藩の大半は、経済問題特に財政の窮迫に悩まされていました。そこで少なからぬ学者が経済問題をとり上げ経世済民を論じています。

山片蟠桃《やまがたばんとう》、富永仲基《なかもと》、海保《かいほ》青陵《せいりょう》、本多利明《としあき》らが代表的で、いずれも梅岩以来の自由主義経済論では共通です。ここでは石田梅岩の経済学、すなわち市場経済論と価値論（農工商の労働価値説）をベースとした政治経済学者として、山片蟠桃（一七四八〈寛延元〉～一八二一〈文政四〉）にふれておきたいと思います。

山片蟠桃は、大坂の升屋《ますや》という商家（米仲買）の番頭出身で、かたわら懐徳堂に学び、自由主義と合理主義的な思考を身につけました。彼は、豊凶による価格の変動を利した献納米の売買によって、仙台藩（升屋の取引先）の財政再建に成功した人物です。彼についてはその著『夢の代』（一八二〇〈文政三〉年刊）の儒学批判の立論で知られています（山本七平『江戸時代の先覚者たち』一九九〇年など)。

彼は、大坂にあって先学として石田梅岩と『都鄙問答』に通じていたことは明らかで、彼の政策論は市場経済の優位に終始しています。懐徳堂が朱子学を建て前としているが故に、石田梅岩同様に異端視されることを怖れて、自身の著作を現実とは異なる「夢の代」と名づけたことでしょう。ただし、石田梅岩は経済学として、『都鄙問答』には固有名詞は使われていないのにたいし、山片蟠桃の著作の経済政策は具体的な事例と現実的な方策にみちています。(注3)

梅岩と同様彼は、幕府の市場経済に対する介入を批判し、万事について自由放任が可と主張しました。さらに梅岩を一歩すすめて、君臣はじめ身分間の関係が「契約」であると論じています。

江戸時代、日本の経済学という立場では、石田梅岩の後継者は山片蟠桃といえると思います。

江戸後期の心学の二つの側面

さて江戸後期の心学については、二つの動向ないしは側面を区別して考えてみるとわかりやすいし、またそれが必要でもあります。一つは、幕末の心学の普及は、同時代に成長した国学とちがって、社会改革のイデオロギーとはほとんど無縁であって、一九世紀の幕末日本を特徴づける尊王攘夷運動のような政治的勢力にはかかわらなかったことです。後期の心学運動の動向は、この点で消極的でした。しかし他面において心学は、身分、職業と地域をこえて、いわば国民的とさえいえるほど普及し、大衆化をとげました。その面で幕末の心学運動は、それなりに評価されねばなりません。

前者からみてゆきましょう。心学は、運動のひろがりにひきかえ、一九世紀になるとかつてのような新鮮さと力強さがしだいに失われました。組織の規律は時とともに弛緩し、中沢道二の没後は東西の対立が深まり、関東と関西がそれぞれ自立するようになり、さらに地方にはいくつかの分派が生じました。

講舎と講師の数は増大し、心学者のなかに理論的な発展の試みも行われてはいますが（鎌田柳泓の『理学秘訣』と『心学奥の桟』〈究理緒言〉には自然科学的なアプローチがみられます）、梅岩や堵庵のような傑出した思想家、組織のリーダーは現れませんでした。これらの傾向からみて、石川謙『石門心学史の研究』は、天保年間以後の心学を衰退時代というように特徴づけています。

『鳩翁道話』に象徴される保守化

江戸後期の石門心学の動向は、柴田鳩翁《きゅうおう》（一七八三〈天明三〉～一八三九〈天保一〇〉）と、彼の道話によって特徴づけられます。鳩翁（本名、謙蔵）は、京都の商家の出でしたが、幼少の時に生家が没落し、儒家として身を立て、抜きん出た記憶力と雄弁で講談師として成功したといわれます。中年になって心学運動に誘われ、『都鄙問答』を読んで感動し、心学を修行、明倫舎の講師となり（のち舎主）、晩年は衰微していた修正舎を再興し、本拠としました。心学運動を始めてから失明したものの屈せず、その後の生涯を、近畿・北越の一二カ国の巡講に過ごしたといわれます。彼は、先輩たちよりもストーリー性のある道話を考案し（講談師の経歴を思わせる）、安政年間には『鳩翁道話』のシリーズを発行しています。鳩翁の場合は、「聴衆の笑いや興味をさそいながら、要所要所において「道」を説き、「心」の反省を求めるという講釈方法」（『石門心学史の研究』）で、どこでも評判となったようです。それは、職業や身分あるいは場所をこえて、修身・道徳の教育さらには生活や規律の指導に恰好であり、中沢道二と同様に諸藩や各地の代官からの依頼を受けて、領民の教育に迎えられました。

『鳩翁道話』は、その後も長く親しまれました。読者のなかには、「京の蛙と大坂の蛙」をご存知の方もおられるでしょう（京に住む蛙と大坂に住む蛙が、それぞれ大坂と京都の見物に出かけ、中間の天王山で出会い、背のびしてみると、眼が背中についているため、自分の出身地を行先の景色と思いちがい、興味を失って帰った。愚かな人には物事の理がみえない、という話）。『鳩翁道話』に限らず、この頃になるとおびただしい心学道話が、講話やさまざまな出版物を通じて流布し、女性や子供の間にまで親しまれ、庶民のあいだで道徳意識や倫理感覚の形成の重要な一翼をにないました。

さて、よく知られているとおり、一八世紀後半以後、国学および蘭学（洋学）という両極の二つの学問が急速に発達しました。ともに、卓抜した学者を輩出しつつめざましい進歩をとげ、知識人の関心を呼び起こし、同時に正統的な学問や思想、そして幕藩体制にたいして疑問や批判を投げかけました。蘭学を学んだ人々のなかに、本多利明のような、官学や儒学の批判にとどまらず、商業と貿易の積極的な振興の必要を力説する学者、いわば明確な政治経済学者が現れたことは留意に値します。さらに国学が、周知のように幕末には社会変革の必要の意識を通して、時勢を動かす尊王攘夷運動にまで結びついたことは、これも改めて説明するまでもありますまい。ともかくこうした江戸後期の学問・思想の流れからみますと、保守的な立場で終始した心学は、対照的であったようにみえます。心学者のなかには、大島有隣のように神国思想を強調した者も現れましたが、憂国の情を唱えるにとどまりました。

なお、江戸後期の心学のリーダーたちが、人々にモラルの必要を説くあまり、本来ビジネスに不可欠な、創意工夫や革新の必要について積極的に勧奨するところが乏しく、この時代の経済や経営の進歩・発展に有効に寄与できなかったことも指摘すべきことと思われます。後期の心学思想の内容はのちに改めて考察しますが、例えば「道」にしても「知足《ちそく》」（足るを知る、本来は仏教の用語）や「分際《ぶんざい》」を知ることがしきりに教説され（『鳩翁道話』）、商工業ビジネスの機能と創造的な意義についての主張は影をひそめています。この面で、幕末の道話や説話は、かつての商人のさまざまな知恵の効用に着目した井原西鶴の『日本永代蔵』や、もとより商人の利潤のために工夫や才覚の必要を積極的に説いた石田梅岩の『都鄙問答』の世界とも、かなりちがった印象が与えられます。

ところで他方、農村・農業の改革についてみますと、この時代に、二宮尊徳、大蔵永常《ながつね》、大原幽学《ゆうがく》のような農政家、農学者が次々に現れ、農業の改良、農政の改革に成果をあげました。特に二宮尊徳は、小田原の疲弊した農村の開発と藩財政の改革に徹底した合理化を計画的・組織的に実行して成功しました。彼の提唱した「仕方《しほう》」（システムの改革）は、為政者・農民を問わず、幕末において経済の立て直しにたずさわる人々に強い感化力をもちました。思想的には類似しているものの、二宮尊徳が展開した報徳運動と比較して、幕末の心学にはどこか力強さが乏しいことは否めません。

地方（信州）における心学の動向

本章の最後に、江戸後期の地方の心学の具体的な動向を知るべく信州（長野県）佐久郡の例を紹介し（注4）、理解の一助としましょう。

長野県では松代藩の農村（埴科郡下戸倉村）出身で中村習輔《しゅうすけ》という生糸商が、心学の発展に大きな役割を果たしました。彼は例年京都に取引をしに行き、たまたま明倫舎で手島堵庵の心学を聴講して深く感銘したといわれます。まもなく入門し、郷里に講舎（恭安舎）を設立しました。並ならぬ使命感をもって地元の東信地方をはじめ、松本・諏訪・伊那など信州の各地を訪れ、講舎の設立を指導し、信州心学の祖と尊敬されています。

佐久地方には比較的早くいくつかの村々で石門心学を講じたようです。南佐久郡では最初に高野町（現・佐久穂町）の高見沢某によって講舎ができて、京都の明倫舎から成章舎と舎名を与えられました。しかしまもなく隣村の青沼村（現・佐久市入沢）出身で都講をしていた伴野友彦《とものともひこ》が舎主を引き受け、同村に移転しました。神主で自宅で寺子屋の師匠をしていた人物です。青沼の成章舎は、史料によると一七九三（寛政五）年十一月に披露がされています。伴野は学識があり、詩・歌に長じていたといわれ、中村習輔にならって石門心学の教育に強い情熱をもつようになりました。一八〇四（文化元）年四月、寺子屋兼心学の道場として、五間に三間の講舎を建築し、同村を所管する田口藩に承認を得ています。

やがて成章舎は、青沼村はじめ南佐久郡一三カ村の子弟を集め、心学塾として少なからぬ成果をあげました。農閑期には老若男女「五百人もの郷党」がこの地に集まって心学を学んだといわれます。彼は自分で道話をつくったらしく、『青沼の自然と歴史』には次のようなまことに興味ある「豆腐の話」が記載されています。

それ豆は丸く角なく自己の見識立す。……寒熱の苦行をなし豆腐と呼ばれ、士農工商へだたりなく交わり、四角四面に角あれど角をたてず、形方円の器《うつわ》にしたがい、耳あれども世の邪曲をきかず、布目あれども人の善悪《よしあし》をいわず、祇園北野《ぎおんきたの》の社前にては田楽を奏し神をいさめ、花の本にては桜とうふ、桃とうふと呼ばれ、南禅寺に行きては葛《くず》だまりの衣を着し禅者を引導し、斉非時の席は饗応なし、涼の席は奴豆腐《やっこどうふ》をなり……神儒佛の教にもかなわんか。

南佐久郡の成章舎に次いで、北佐久郡では中仙道の宿場岩田村にも敬葉舎が設立されるなど、佐久地方に京都の明倫舎系の十カ所をこえる、信州心学の講舎が設けられたといわれています。

ちなみにその後の成章舎の動向をみると、友彦が老齢になって引退したのち、息子の豊彦が引き継ぎ、同舎を存続しました。しかし彼の学問は、しだいに石門心学よりも神道、なかでも急進的な平田（篤胤《あつたね》）派に傾き、幕末の成章舎は手習い本位の寺子屋同様の状態となってしまい、心学舎の特徴はうすれたようです。

信州は一般に学問好きで急進的な思想になじみやすいともいわれますが、成章舎も幕末の時勢の急変を反映しているというべきかもしれません。ただし、成章舎自体は明治以降も存続し続けました。

なお後期における石門心学と幕府官僚との関係についてふれておくと、幕末に老中にまで昇進する有力者の間部《まなべ》詮勝《あきつぐ》（一八〇四～八四）は、鯖江藩主出身、寺社奉行から大坂城代をへて、天保時代に京都所司代《しょしだい》に任ぜられると、京都の石門心学の助成につくしています。彼は京都の講舎（舎名など詳細は不詳）が荒廃しているのをみて、京都奉行に命じて再建させ、その後の維持存続の必要を指示しています。

そのほか幕末の識者たち、吉田松陰《しょういん》（長州）、渡辺崋山《かざん》（三河）、横井小楠《しょうなん》（肥後）らの日記や手紙をみると、石門心学の印象を記した文章が見出されますが、いずれも好意的に評価しており、心学の全国的な普及のほどをうかがい知ることができます。もっとも、あくまで庶民のレベルでのまじめな道徳教育との認識を出るものではありません。

注1　文政年間には老舗の商家も経営難にみまわれています。三井越後屋は、「安永持分《もちわけ》」という両替と呉服の同族の分割をへて「寛政一致」（寛政五年）という同族の一致を回復していますが、その後文政期に経営難に悩まされ、「文政一件」といわれる打開策が講じられました。大村家の白木屋は、文政期に二度にわたって深刻な経営難にみまわれました。（旧版参照）

注2　この側面については、近年多くの経済史家、経営史家の克明な実証研究が発表されています。桜井英治・中西聡編『流通経済史』（山川出版社、二〇〇二年）、さらに井奥成彦・谷本雅之編『豪農たちの近世・近代』（東大出版会、二〇一八年）は先進地帯たる南山城の八十家の豊富な史料を駆使した研究として評価されます。

注3　山片蟠桃については『日本思想大系43巻』「富永仲基、山片蟠桃」の解説を参照。

注4　青沼の自然と歴史刊行会編『青沼の自然と歴史』（青沼の自然と歴史刊行会、一九六五年）参照。

第四章　石門心学の精神性・宗教性と経営学

心学と日本人の宗教観

石田梅岩門下の手島堵庵が始めた石門心学は、変容しつつも幕末まで発展しました。本章では、江戸後期の発展において、これまで十分に扱わなかった角度から二つの重要な側面をとり上げておきたいと思います。一つは、石門心学の精神性《メンタリティ》、すなわち宗教とのかかわりです。江戸末期には心学が、全国的かつ身分をこえて普及したことの結果として、日本人の宗教心に少なからぬ影響を与えたことで、石田梅岩のもつ宗教心の歴史的帰結といえるかもしれません。

第二は、石田梅岩の経営学の発展にかんする側面です。石田梅岩が『都鄙問答』において日本の経済学を論じており、次いで、『語録』の所論の内容が、日本の経営学の先駆的議論であることは、本書巻頭の「序説」において紹介しました。そこでここでは、江戸後期以降の市場経済の変遷の過程で、商家経営の進化的発展のなかに、どのように具体的に反映されているかをいちおうたどってみることにしました。

まず、前者から考察してみましょう。

すでに述べたように、一八世紀末の江戸時代の後期から幕末にかけて、幕藩体制の動揺から新時代への胎動という時勢の動きのなかでの石門心学は、政治的にはもとより、経済改革という面でも、先導的ないし進歩的な勢力とはなりませんでした。とはいえ、組織的な運動に発達した石門心学は、変容やトラブルを免れなかったにせよ、ほとんど中断することなく普及しつづけました。

そして心学は、歴史の表舞台では華々しく活動しなくても、ひろく人々の心、さらには精神性のなかに根を下ろしていったという事実はみのがせません。むしろ本書の文脈においては、そうした眼につきにくい面を重視したいと思います。しばしば歴史家や研究者によって、後期の心学の体制的な性格のみが指摘されていますが、正しいとはいえません。

幕末の大変動に際しても、心学は、講舎においては時と場所をこえて、衰えることなく増大をつづけ、道徳的な感情や精神性にひろい影響力をもちました。心学関係の書物は道話の類を含めると、幕末にはおびただしい数が刊行され、世の中に流布しました（この傾向は維新以後もしばらく持続しました）。それは、為政者と結びついたせいとか、体制的で平易な道徳の教訓であったからとかいうだけでは説明されえません。先述しましたが、石田梅岩の時代からその後も、権威のある学者の編集した道徳教本は事あるごとに発行され、幕府や諸藩で学習が奨励されましただが、これらはいずれも厭《あ》きられ、すぐに世の中から忘れられました。

これに反し、大衆化・世俗化しつつも心学関係の書物の刊行は繁昌しつづけ、石田梅岩以来の石門心学として、後期になっても衰退らしい時期をみることなく、むしろ時とともに共感者・共鳴者を増し、多くの人々に受け入れられてゆきました。それは、心学が「心」をもって人間の本質・真実とし、「道」を人のあるべき姿とし、和を尊び、神・儒・仏をも統合する、いわば日本人に内在する精神的な態度に立脚していたからにほかならないといえましょう。この点で、エッセンスとしての『都鄙問答』や『莫妄想』の哲理は重要であり、心学自体が宗教的な性格を帯びていたともいえます。そして、勤（勤勉）・倹（倹約）・譲（職分・役割）と五倫を「人道」と説く、より農村的な報徳運動などと補完し合い、融合しながら、心学的思想は時とともに、日本人のいわば国民性的な精神性《メンタリティ》とモラルとして、動かしがたいものとなったといって過言ではありません。

およそ人間の精神性において、もっとも重要で、根源的な要素に宗教に対する態度があります。日本でも鎌倉時代以来、武士ばかりでなく、民衆の行動にたいする宗教、とりわけ浄土宗や日蓮宗の影響力はきわめて強大でした。戦国時代はもちろんのこと、織田信長や徳川家康のような覇者も、本願寺や一向一揆の抵抗には手を焼き、その抑圧は凄惨《せいさん》をきわめたものです。江戸時代になって平和が訪れたとはいえ、神官・僧侶そして儒学者たちは対立し、またそれぞれ内部において宗派間の抗争をくり返しました。

これにたいして石田梅岩はじめ、彼を師と信奉した手島堵庵、中沢道二、柴田鳩翁ら、石門心学の導師たちは、一様に宗教の諸教・諸派の対立を無意味であるとし、神・儒・仏は「一」に帰すると教えました。道二や鳩翁など後期のリーダーたちになると、宗教上の論争を諧謔《かいぎゃく》し、皮肉ったりさえしています。もちろん神道と仏教のような宗教の統合性については、従来から本地垂迹《すいじゃく》というような解釈があり、江戸時代も大いに論じられました。だが、一般民衆にとって、そうした高度な思弁《しべん》は無縁であり、あまり興味のないことだったでしょう。心学は、生活の現実の場においては、神・儒・仏の教えに矛盾がないこと、相違を強調すること自体が誤りである立場を徹底しつづけました。

民衆から武士までの多くは率直に心学の教えを信じ、『都鄙問答』の原理を受け入れ、生活に反映しています。神棚と仏壇とをともに飾って順に礼拝し、冠婚葬祭や慶弔を神仏混淆《こんこう》で行うという、今日までみられる日本の標準的な家庭の日常生活の慣習は、この時代に定着したものです。朝に身を浄《きよ》め、元旦は四方拝《しほうはい》をもって始める、庶民生活における神仏礼拝の順序も、心学の教えとともに普及したところが大きかったと考えられます。宗教それ自体を尊崇《そんすう》し、近代になればキリスト教の高い倫理性や禅仏教の強靭《きょうじん》な精神性に敬意をもちながらも、特定の宗教にコミットしないで、「道」と「心」を尊重するという、現代まで一貫した日本人の宗教に対する一般的な態度は、石門心学や報徳思想に由来するところが非常に大きいのです。

役割の遵守、仕事の価値、義務の達成を重んずる「道」

石門心学は、手島堵庵以来「心」を教説の基盤にすえましたが（もちろん原理的にそれを説いたのは石田梅岩です）、中沢道二や柴田鳩翁らは、商人道ばかりでなく、人の心のありよう一般として「道」をしきりに説き、江戸時代の後期の心学は、道話の流布が特徴の一つとなりました。もっとも心学の道話にみえる道は、高い精神性をもった理念というより、身近な道徳説話が主であって、庶民の道徳観や倫理意識の形成に寄与しました。それはなによりも周囲の人々に対する人間の道と、社会にたいするありようです。とりわけ人々各自が与えられた立場における役割を果たすことが「無理がなく」、自然の道にかなう「あるべきよう」として平易に説かれました。例えば『鳩翁道話』は、こうした「心と道」を次のように、身近な比喩で語っています（『鳩翁道話』壱之上）。

……親は親のあるべきやう、子は子のあるべきやう、夫《をつと》はをつとのあるべきやう、女房は女房のあるべきやう、此《この》あるべきやうが、無理のないところで、則《すなは》ち仁《じん》なり。又人の心でござります。たとへて申さば、此扇《このあふぎ》は誰が見ても扇じや。扇としつて、これで鼻《は》汁《な》かむ人も、尻《しり》ぬぐふ人もない。これは是《これ》解のあるべきやう、礼儀に御もちひなされるか、開いて風をもとめる歟《か》、此の外に仕様はない。此《こ》の見台《けんだい》もその通りで、棚のかはりもならず、又枕の代りにもなりませぬ。

「道」は、儒教ばかりでなく、老子の道教にさかのぼる中国の古来の伝統思想であり、最近は道教から日本の神道への影響も研究されています（福永光司『道教と日本文化』）。しかし中国での「道」の思想が、知識階級たる「読書人」の学問的教養は別として、一般の社会生活には近年まで因習や厄除《やくよけ》などの要素を多分に温存したのにたいし、江戸時代の日本のそれは、呪術的伝統を払拭《ふっしょく》したといえます。「葉隠《はがくれ》 武士道」のように、生命をも名をもかえりみぬ、至高の精神にまで高められることもありました。

心学はじめ報徳思想のように庶民の間に広く浸透した「道」も、非合理的な因習とは絶縁した、人間の真実のありようとしての道であり、人として守るべきモラルであるとともに、理念・理想でもありました。

そして倫理的な面では、先にあげた道話に説かれているように、役割とか役目の遵守、仕事の価値と義務の達成がとりわけ尊重されました。このことは、近代に連続する日本人の倫理の規範の特色として大いに注意すべきことです。職業であれ、職務であれ、何事によらず役割や義務をつくすという道の根拠としては、祖先・主人・両親から、さらに社会（世の中）、さらには天地自然から与えられる限りない恩恵にたいする報恩の必要が説かれました（第一部第九章「性理問答」を参照）。こうした「道」の倫理観あるいはモラルの意識こそ、江戸中期以降、もっともひろく人々の間に浸透したといえるでしょう。

役割をなによりも強く意識する日本人の倫理観は、周囲からの期待にこたえる規範の性格をもち、個々人の業績や成果の達成をめざします。江戸時代においては幕藩体制自体が、社会の変化を嫌ったために、役目も「分限」や「分際」によって周囲からせまく限定され、自由が失われがちでした。ところが、その後明治維新によって新時代が到来すると、事態は一変し、国権の確立から郷党の名望、家業の繁栄まで、能力ある人々に期待される役割が一挙に昂揚しました。ここにおいて解放された人々の向上心が、立身出世をめざして、近代化へのエネルギーとなります。

「道」と「心」の関係についてみれば、心＝本心と道とは一つというのが、石田梅岩以来の心学の哲理です。対立を嫌い、すべてに「一」を感得し、本来の調和を究極の真実とするのが本領です。また、特定のかたちをとらないのが「心」です。「道」が「人倫」や「職分」や「義務」のようなかたちをとるにともなって、心学の教育や道話のなかで、「心」もさまざまな表現をもって説かれたことも、当然のことでした。「道」が、外に現れる社会的なありようにたいし、「心」はより内的なありようとして、他者に対する配慮と、自然をはじめ祖先と社会に対する感謝が、しばしば説かれたりしました。石田梅岩の「他人《ひと》をたて、己《おのれ》もたつ」は、「至誠」とともにもっとも好まれた心学用語でした。

公の組織としての商家と心学の経営学

石門心学は士農工商の別をこえた倫理観にまで成長したといえ、石田梅岩の『都鄙問答』は、ほんらい商家ビジネスのための実用的で、しかも体系的な経営学でもあります。そこで最後に、江戸時代の現実の商家経営と心学について述べておかなければなりません。むろん商家といっても、市場経済の発展にともない地方や業態で千差万別ですが、いちおう都市のそれを対象としましょう。

江戸時代中期から後期にかけて、ビジネス活動の発展にともない、『都鄙問答』はじめ心学の諸著作は、改作を含めて発刊を重ね、京・大坂から江戸、そして全国的にひろい人々の間で読まれてゆきました。そして幕末まで一世紀以上にわたる商工業の一貫した発展にかかわらず、『都鄙問答』を凌ぐ経営学の書物は、ついに現れませんでした。特に京・大坂はそうで、その影響力は大きなものがありました。商人のプライドも時とともに高くなり、京・大坂の有力な商人は「お町人さん」でした（江戸は幕府の膝元で、御用商人の伝統も根づよく、武士への追従の意識からの脱却は、より遅れたといえます）。心学の経営学は京都を母体とすることに誇りをもっていました。

さて、商家経営についてみると、中期以降になると、たとえそれがいわば家代々の「家業」であれ、一家族の生活を支える生業《せいぎょう》のレベルをこえて、多くの奉公人をかかえる企業ないし経営体に成長すれば、大家《おおや》、すなわち私をこえた公《おおやけ》の性格をもつものと考えられるようになりました。それは、一方において利益を得て、富の蓄積を行うといえ、他方においては景気の変動や政治の変革に対応しつつ、つねに天下・世間《せけん》つまり社会の経済的必要に応じて商品を流通させ、供給の円滑をはかる、責任ある組織体でありました。

そこでは『都鄙問答』以来の心学の教えのように、家長たる主人は、自身が率先して倹約と勤勉を尊び、取引先や顧客には「感謝」の心をもって奉仕すべきでした。堅実経営のための「始《し》末《まつ》」を忘れぬように金銭出入帳に「出」の字を小さく書くような慣習も生じました。「奉仕」、すなわちサービスのための心配りには細心の注意が払われました。こうして取引先や顧客とともに、暖簾《のれん》に象徴される、祖先以来の伝統ある家業を末代まで存続させることに理想が置かれました。

家長たる主人は、最高経営者かつ責任者として、成員全体の和を何よりも尊重し、「仁」すなわち思いやりの心をもって、従業員たる奉公人の生活と人生を配慮すべきであり、これにたいし奉公人は、「誠」を心とし、公たる経営体に忠義であるべきでした。また、奉公人の能力を判断し、家の存続のために有能な人材を養成することも主人の重要な義務となりました。

それればかりではありません。商家経営においては、武家や農家とちがって、長子相続が必ずしもルールではなくなりました。リスクが不可避で、主人にリーダーとしての能力や人格が必要とされるため、嫡男といえども、最高経営者としての適性を欠くならば、有能な支配人に経営をゆだねることはもとより、すすんで同族の他のメンバーや支配人など、他の適任の者が当主となるべきことが、商家経営の道となりました。これも、『都鄙問答』が示唆しているところです。

大名や武家の場合は、血筋が支配の正統性の根拠でありつづけましたが、有力な商家にあっては、家の嫡男の血筋にせよ、経営の存続を困難たらしめるような無能で頑迷な主人を、支配人以下が結束して、その地位から退かしめることは、義に反することでなく、むしろ家の存続という商人道にかなうものとされました。それこそ、財産権を至高とする欧米にない思想です。経営体としての公的な「店」と家計たる「奥」の区別も制度化しました。

こうした商家ビジネスの人間関係の「道」は、江戸時代も中期以降に発達したものです。例えば同じ江戸時代でも、初期の商家の家訓をみると、雇い人はアカの他人であるから決して信用してはならない、というような規定がありました（吉田豊編訳『商家の家訓』所収の諸事例）。しかし中期以後になると、そうした家憲や家法はまずみあたりません。むしろそれとは逆に、主人が息子をさしおいて、同族の子弟や奉公人のなかから有能で篤実な人物を後継者として選び、これを婿養子とする例が、京・大坂では少しも珍しくなくなりました。鴻池・住友・小野など歴史の長い商家の家系を調べてみると、養子が多いことに驚かされます。例えば小野家の場合、創立者をのぞく小野三家の一六人の当主のうち、じつに八人までが養子です（宮本又次『小野組の研究』）。雇用関係でも、「生涯奉公」というような言葉がしばしば使われるようになりました。

生涯奉公といっても、もちろんビジネスの現実として、「不埒《ふらち》」「不身持《ふみもち》」「役立《やくた》たず」「病《やまい》」など、経営側の都合での解雇は、当たり前のこととして行われました。したがって奉公人の平均の勤続年数は、統計的にみてそれほど長かったわけではありません。しかし、健康で誠実に勤めれば、別家ができなくても、隠居《いんきょ》（後の時代とちがって江戸時代では非常に早く四〇歳代末）するまで、ずっと勤めあげるという、いわば終身雇用的な思想と慣例が、時代とともに着実に発展したことは事実であり、私的な経営においても商人道のいう社会的性格や責任が高まったことは明らかです。げんに、歴史と伝統をもつ三都の代表的な商家において、大小のトラブルを経験しつつも家長クラスが、その身勝手から廃業したというような事例はあまり知られていません。その半面、三井家にしても住友家にしても、ときには支配人を最高経営者として登用することが制度化されていたので、幕末・維新の動乱期には、三井では三野《みの》村利左衛門《むらりざえもん》、住友では広瀬宰平《さいへい》のような有能で精力的な支配人の使命感と適切な判断によって、対応と存続が可能となります。

　石門心学がそのまま、第二次大戦後の大会社の終身雇用制や年功制賃金など、現代のいわゆる日本的経営の制度的な源流となったというわけではありません。江戸時代の商家経営と、明治・大正期の会社企業、そして戦後の産業民主主義的な会社経営との間には、非連続な側面があります。この点は次章以下に説明しましょう。また、江戸時代の商家経営にしても、石門心学ばかりでなく、心学を可能とした、江戸時代の高度に統合された社会構造や人間関係《ヒューマンネクサス》本位の価値体系に、われわれは視野をひろげなければなりません。

　だがそれはともかく、石門心学は、社会的承認を求めてやまなかった江戸時代の商人階級の意欲と誠意が、まさに商人の道としてうみ出した、日本のビジネスの伝統的な精神であり、商家経営の理念といってさしつかえありません。たしかに、幕藩体制という武家政治の世界において、商人道は、武士道に追従する存在にとどまりましたし、向上したといえ、商人の社会的地位にしても、一八、一九世紀の欧米諸国のレベルに遠く及びませんでした。しかし、三大都市を中核に市場活動が全国的に発展し、経済社会が確立してから百数十年間にわたって、梅岩以来の心学が、ビジネスの信用と秩序の思想的基盤となり、かつ数世代にわたる商家経営の維持のための精神的支柱とモラルを提供しつづけたことは明らかといえましょう。さらに心学運動が、ときには幕藩の行政と結びついたにせよ、特定の宗教と離れて、国民の道徳意識や倫理観の統合に大きな役割を果たしたことは、再三指摘したとおりです。

幕末の心学運動それ自体についてみると、石門心学のいわば総本山となった東西の心学講舎たる、京都の明倫舎と江戸の参前舎は、それぞれ独立した舎主が継承するようになりました。その教化の態度や思想も、関西と関東のそれぞれの特色を帯びるようになりました。前者は講演・説法を主とし、聞法《もんぼう》を重んじる浄土宗の仏教と親しむようになりました。これにたいし後者は、坐禅修行をより重視する立場をとり、ともにその伝統を近代に伝えることになります。

なお、近世も最末期の心学の動向を西と東についてみると、京都では、薩埵《さった》徳軒《とくけん》（一七七八〈安永七〉～一八三六〈天保七〉）が時習舎と鳩翁の修正舎にあって、文化人・知識人として知られ、天保元年には三井の京都本店で春夏十回ずつ店員の教育のための心学講釈を担当しています。江戸では、広島藩士出身の中村徳水《とくすい》（一八〇〇〈寛政一二〉～一八五六〈安政三〉）が、広島心学を起こし、長州や伊予松山にも心学舎を設けるなど成功し、乞われて出府して、弘化・嘉永・安政期の参前舎主となりました。彼の時代は諸藩からの講話依頼が増加し、白木屋、松坂屋など江戸の大店にも商人道の講演に呼ばれています。

以上の江戸後期の発展を要約してみましょう。この時代に市場経済は農村の末端まで深化したものの、幕藩体制化の自給自足経済の発展はゆきづまりの様相を示し、体制そのものの変革が歴史的に不可避となっていました。とはいえ教育・学問の普及と発展は間断なく持続しており、石門心学もほぼ同様な動向を示しています。特徴的には、関東（静岡を含め）諸藩の大名はじめ、為政者側のコミットによる武士階級への普及がみられます（ちなみに『石門心学史の研究』によれば、「心学を修行、または道話を聴聞したのは六四藩、九二侯の多き」に上っています。）

これをみると、この時代の石門心学の発展、徳川体制側の道徳教育への依存が顕著といえます。大名たちのなかには、外様《とざま》の大大名《だいだいみょう》の金沢藩の藩主前田斉泰《なりやす》、嫡子慶寧《よしやす》の家族が心学道話を聴聞（前述の中村徳水門下が担当）するなど、心学の影響の拡大がみられます。言い換えると、社会の大変動を前に既成の権威の失墜が各地で起こっており、既成の観念的思想や宗教にとらわれない石門心学の普遍性と市場経済を可としつつも、布施・寄進に依存しない精神性の哲学を学ぼうとした少なからぬ人々が存在したことは明らかといえます。

第四部　近現代日本と石門心学

以上第三部において、後継者たちが師の思想と学問を世に伝えるべく、石門心学と称して、京都・大坂で普及運動にのり出し、さらに幕府を巻きこんで全国的な成果を上げたことを明らかにしました。またこの間に、商人のための学問ばかりでなく、近世日本の庶民の間に道徳教育と結びついて成長したことをたどってみました。もとより明治維新を画期として、近世日本は国家意識が支配する近代日本にとって代わり、『都鄙問答』や心学思想は過去のものとなり、明治以後の近代化の表舞台に立つことはありませんでした。一八八〇年代になると、資本主義的な法秩序の導入と科学技術の移植とが実現し始め、経済の近代化と工業化は離陸期を迎えました。ビジネスもかつての商家経営から近代的会社経営にとってかわられるようになりました。

とはいえ、歴史的な発展において、近世との連続的に存続した側面と特徴をみのがすことはできません。心学の場合は、講舎の多くは廃絶したものの、明治時代以後においても命脈を保ち、その教えは、しばしば経営の「道と心」と称されました。ここでは、人々の勤勉・正直・誠実が評価され、人間関係（人倫）を尊ぶモラルとともに、石田梅岩にさかのぼる日本の伝統が見直されました。大正時代になってアメリカの科学的管理の経営学が学習されるようになると、それが、「経営道」として根づくようになったことは非常に示唆的です。

そこで、以下第四部においては簡単なスケッチにとどまりますが、近代日本の経営の進化的発展に即して心学の歴史的な意義と役割を考えてみることにしました。

第一章　文明開化と商人道

危機に瀕した心学講舎

明治時代になって早々、政府の手による国家的な教育制度が樹立され、廃藩置県の翌年、早くも義務教育が発足しました（明治五〈一八七二〉年、イギリスとほぼ同時）。このため庶民相手の教育施設として発達した心学講舎は、多くがその存在の基盤を失いました。江戸時代における教育の普及という土壌があってのことですが、明治時代の初等教育の実施は、世界各国の歴史にその比をみないほど急速なものがあり、明治二〇年代末には就学率は、イギリスをしのいで九五％を超える水準に達しました。この過程で、かつての村の子女に「読み・書き・算盤《そろばん》」を教えていた寺子屋などと同様に、各地の心学講舎は、京都の明倫舎、東京の参前舎という両本拠、そして大阪の明誠舎こそは存続したものの、その他は大半が廃絶に瀕しました。大阪の懐徳堂《かいとくどう》などの伝統的な学問と教育の施設も同じで、いったんは閉鎖されました。

商人道とビジネスマンの心を説いてきた石門心学にしても、文明開化と殖産興業の思潮に代表される近代化の一時代を迎えて、重大な脅威を受けました。

「天は人の上に人を造らず、人の下に人を造らず」という名文句にはじまり、「人民独立の気力」と「文明の精神」を説いた福沢諭吉の『学問のすゝめ』（明治五～一三年）は版を重ね、海賊版が数多く刊行され、一大ベストセラーになりました。

ほぼ同じ時期に、イギリスのサミュエル・スマイルズの『セルフヘルプ』（自助論）の訳書たる『西国立志論』（中村正直訳）が世に出、人々の興味を大いに集めました。文字どおりヨーロッパで志を立てた人々の成功の物語で、スチーブンソンが蒸気機関を発明したとか、ウエッジウッドが苦心して国際的に評価を得た陶磁器の製法を確立したというような具体例が集められており、西洋諸国の発展のゆえんは、要するに「人民の用を利し生を厚くする」（人々の能力を活用して、生活水準の向上をはかっているからである）との序文が付されていました。

旧商人層を批判した福沢諭吉、渋沢栄一

なかでも福沢諭吉の、新しい時代に「古臭い漢学など役に立たない」という新鮮な論調は、全国の津々浦々まで反響を呼び起こしました。身分制度の廃止とともに、職業・営業・居住・交通・輸送などの活動がすべて自由な市場経済の時代が到来し、野心や能力をもつ青年たちは、東京・横浜・神戸をはじめ新時代の大都市にあこがれ、そこで新知識と立身出世の機会を求めるようになりました。江戸時代において人々の向上心はおさえがたく成長していたのであり、幕藩体

制の崩壊によって、解放されたこうした精神的エネルギーこそ、近代化への原動力となりました。特に、国益、郷党、家名など具体的な価値目標が与えられれば、大きな期待がかけられ、ここに国民的に近代化に向かっての統合的な努力がかりたてられました。

石門心学を名指しにしたわけではありませんが、福沢諭吉は、「知足安心」的な現状満足の人生観を批判し、祖法と家業にしがみつきがちな古いタイプの商人を嘲笑しました。事実、既述したように、江戸末期の心学は概して保守的な傾向を示し、溌溂とした企業者精神《アントルプルヌールシップ》が稀薄となっていました。また心学は、「公《おおやけ》」への奉仕を重視したものの、当然のことながら対外関係とか国家意識を強調するところが乏しかったので、国益のための近代産業の建設や対外貿易への進出のような、有効な目標を打ち出すことができなかったといえます。

これにたいし政府はじめ識者たちから「殖産興業」として必要が唱えられたのは、当時滔々《とうとう》と流入してきた輸入品に対抗できるような近代的な諸工業とか、文明開化にふさわしい鉄道・ガス・電燈業や鉱山の開発、あるいは対外貿易や国際的な海運業を、それも家業でなく、会社によって起業せしめるというものでした。「会社」は、多かれ少なかれ「国益」と結びついた、新しい「公」的ビジネスとして登場したのです。これらいわば国益のための企業家精神と、江戸時代以来の心学の商人道との間に、断絶があったことは不可避なことだったといえましょう。

近代産業の指導者といわれた渋沢栄一（一八四〇〈天保一一〉～一九三一〈昭和六〉）は、もとは埼玉県深谷の豪農で商家の出身でしたが、新しい近代産業について伝統的な商人や商人道に多くを期待しませんでした。彼は幕末、一橋家に仕えて渡欧、維新後に大蔵省に出仕し、会社の設立を商人たちに推奨したものの成功せず、自分から経済界に転じました。一八七三（明治六）年には新設の第一国立銀行（現在のみずほ銀行）の事実上の頭取となりました。以来、国益のためのビジネスを唱道し、明治初年に王子製紙、東京海上保険、日本郵船、大阪紡績（現在の東洋紡績）、東京瓦斯《ガス》はじめ数多くの近代的会社企業の創立、ないし指導をしました。

この渋沢は、同じビジネスでも近代企業を実業、企業家や経営者を実業家と呼んで、従来の商業や商人と区別しました。彼によれば、実業は国益や公益にかない、かつ多数の出資者からなる会社組織でなければならず、伝統や経験でなく、新時代の知識と能力をもつ人々と国家意識が必要でした。この点は「和魂洋才」「士魂商才」を唱えた慶応義塾の創立者福沢諭吉も同じでした。

国家的な目的を創立趣意書にかかげた明治初年の会社は、事実、洋服を着た重役、洋風の事務所や煉瓦建ての工場に象徴され、伝統的な商家の店頭とは、しばしば対照的であって、それぞれ外見では別の世界でした。

新興勢力の台頭と商工業モラルの崩壊

ところで明治維新の変革と文明開化は、向上心と能力ある人々のエネルギーを近代化や工業化への努力にかりたてたとはいえ、明治初年の十数年間の揺籃《ようらん》期の近代企業は技術的にも経営的にも試行錯誤の過程をへなければならず、容易に軌道に乗るにはいたりませんでした。他方、伝統的な商工業ビジネスは一様にひどい混乱と苦境に直面していました。

在来ビジネスの場合、営利活動が一挙に自由とされ、株仲間が徹底的に解散され、大阪では、「仲間帳」が焼却されました。その上、心学に代表される商人道が一時的にせよ権威を失ったので、商工業の経営のモラルと商家の信用は著しく低下したのです。石門心学ばかりでなく、二宮尊徳の報徳社のような修養・思想運動も困難に逢着していました。

都市でも農村でも、さまざまなタイプの商工業者の台頭と、かつては非力であったアウトサイダーの活動など、新興勢力にチャンスが生じた半面、伝統的な都市商人のなかには、新しい事態に対応できず、没落するものが相次ぐようになりました。西南戦争ののち、一八八一〜八五（明治一四〜一八）年に強行された大蔵卿松方正義によるいわゆる「松方デフレ」は、明治初年の財政の膨張とインフレの抑制のための政策でしたが、商工業の経営難に加えて道義の低下と秩序の混乱が事態をさらに悪化させました。事実、これこそかつて経験したことのない「競争」（このときの新しい言葉でした）による弊害と考えられました。

日本で最初に全国で調査され編集された「経済白書」たる『興業意見』（農商務省、明治一八年）は、経済の近代化に必要な要素として、資本や資源よりも、人間の「精神」と「制度」を強調しており、商人道はじめ経営の倫理観の低下と秩序の混乱への対応を、当面の日本経済の最大の問題としました。そして、空前の粗製品の濫造《らんぞう》・濫売《らんばい》と規律の崩壊が、着実なビジネスを破綻させ、「詐偽《さぎ》を以て商業の本旨《ほんし》なりと見做《みな》さる、に至れり」（『興業意見』緒言）と観察しています。

したがって、政府も事態を放置しておくわけにゆかず、商工業ビジネスのために、欧米諸国にならって商業会議所の設立を奨励し、日本にユニークな制度として同業者の組合を法制化しました（同業組合準則・明治一七年、のち重要物産同業組合法・明治三三年）。そして『興業意見』の提案どおり、各地域で、政府・府県は業種ごとに商工業者にたいして組合を組織させ、品質の検査を通じて、商工業ビジネスの信用と秩序の回復につとめました。この時期に東京・大阪・京都はじめ主要都市に相次いで設立された商法会議所（のち商業会議所をへて商工会議所）の当時の議題も、取引の秩序の安定、従業員の引き抜き防止、そして同業者団体の設立の必要に集中しました。

第二章　近代企業と人間関係（人倫）

他者への配慮、和の必要性

さて明治時代の近代的ビジネスは、伝統的な商人社会と非連続に、そして心学の否定からスタートしたようにみえました。しかし、外見においては新装された会社にしても、これを経営することとなれば、何よりも人間の集団を運営しなければなりません。銀行や工場であれ、鉄道や海運であれ、職場内の上下関係は結局、人間の関係である以上、西洋風に一新することはできるわけがありません。また国益をめざす立派な会社とはいえ、業績を上げるには、商人道が説いてきたように、従業員が勤勉に仕事をし、取引相手にたいしては、誠実・信用と対人関係を重んじ、サービスにつとめなければなりませんでした。

文明開化と欧化主義の熱狂の一時代がすぎると、事態ははっきりしました。会社の成功と発展のためには、多額の資本と技術の移植ばかりでなく、出身・経歴・能力を異にする人々を組織し、規律をもって仕事や作業を行わねばなりませんでした。近代的会社を構成する人々も、ひと握りの前衛的なエリートを除けば、伝統的な日本人にほかなりません。どこでも会社規則がつくられたとはいえ、欧米的な個人を単位とする契約原理では、問題は解決されませんでした。国家的使命をうったえた会社のリーダーたちもこの面に気づき、経営にさいしては「協力」と「和」、そして「奉仕」を呼びかけ、人間の関係、心の結合を重視しました。

三菱汽船会社を起こし、イギリスやアメリカと対抗して、日本の近代的海運業の覇者を目指した岩崎弥太郎は、強烈なナショナリズムの情熱の持ち主として有名ですが、社内には「団結」、社外の顧客には「奉仕」をモットーとしました。一八八四（明治一七）年に政府系のライバル会社と合併・設立された日本郵船会社は、政府の助成を背景にもつ巨大な国際的海運会社で、その規模と地位は、近年のNTTや日本郵政に比すべきものでした。まもなく実現した会社法の制定にさいし、総理大臣の伊藤博文は、自身が同社の定款の作成に関与するなど、その成功に大きな期待がかけられました。この日本郵船の初代社長森岡昌純《まさずみ》（薩摩出身、一八三四～九八）の就任演説のテーマは、社員の「親睦調和」であり、社員相互の協力はもちろんのこと、社外にたいしても「人気の居《お》り合《あ》ひもっとも肝要（人々の気持ちの交流がもっとも大切である）」（同社『日本郵船百年史資料』）というものでした。

島根県松江に在住し、「怪談」の作者として親しまれているラフカディオ・ハーンは、日本学の先駆者として知られていますが、当時の日本の社会と日本人を鋭く観察しています。彼は、官庁・会社・大学などの新しい組織においても、西洋タイプのリーダーシップや、生存のための競争がみられず、いかに他の成員への配慮と公的規律の尊重が重視されているかを、表面的なうらみはありますが、その著『日本』においてこう記しています（Lafcadio Hearn, *Japan; An Attempt at Interpretation*）。

（リーダーの地位につくと）いまや誰もが、これまで以上に自己主張がしにくくなる。私的には慣習に従わねばならず、公的には規律をもって行動しなければならない。秩序に調和しない思考や感情は、いかに高潔であろうとも、抱くべきではないのである。一つの言葉でも不用意に口にすれば身の破滅となる。……義務をたゆみなく履行することが出世に必要なのである。

明治時代とともに訪れた変化は、個人として、各人の将来、つまり職業や参加する集団を選択でき、能力と機会に恵まれればだれもが成功し、出世できるようになったことでした。そこに参入と競争の自由がありました。だが、そうした参入や競争はばらばらな個人としてでなく、藩閥・郷党・学校・家・縁故などのかかわりのなかでの自由であり、新しい所属集団においても他者への配慮、人間的和の尊重がどこまでも必要でした。官庁であれ、会社であれ、リーダーたちは、立身出世の向上心《アスピレーション》と理想をもって努力する過程で、そうした自制や忍耐が何よりも必要でした。

マックス・ウェーバーは、欧米のキリスト教社会における近代個人主義の精神について、そこに内在する「神への信仰と人間の良心」、「律法の掟《おきて》と欲望」のような強い緊張感の存在に注目し、これを強調しました。それに反し情誼のみが人間関係を支配し、緊張を欠く東洋について、近代的精神性の欠如を批判しました（マックス・ウェーバー『儒教と道教』）。日本の近代の場合は、右の引用からうかがえるように、自分個人の理想の実現と、公や他者への配慮との間に、強い緊張の存在を見いだすことができましょう。

伝統的な倫理観に立脚した「教育勅語」

さて、維新にさいし「智識ヲ世界ニ求メ」（「五箇条の誓文」）ることを国是とした明治政府も、明治一〇年代の後半頃になると、西洋文明、特に資本主義のもつ物質主義《マテリアリズム》の側面、すなわち金銭や奢侈を誇る傾向を警戒するようになりました。欧米の国々の社会の現実がそれほど物質主義的であったかどうかには問題がありますが、自己実現の主張が強い上に世紀末のデカダンスの文化の風潮などから、日本のほうが道徳的にはすぐれていると感ぜられたのです。また、欧米の近代社会の基礎をなす個人の自立の主張そのままでは、放縦な利己主義《エゴイズム》をもたらし、人倫と社会の頽廃、あげくは国家の衰退をもたらすのではないか、との憂慮が官民の間に強く起こりました。

一八八九（明治二二）年には、天皇制の家族主義国家を理念とした大日本帝国憲法が制定され、翌年には「教育ニ関スル勅語」が、法令でなく、天皇による勅語として発布されました。ときの文部大臣は芳川顕正《よしかわあきまさ》、起草者には明治初年に教育に対する思想統制に反対した井上毅《こわし》（当時法制局長官）が当たりました。教育勅語では「父母ニ孝ニ、兄弟ニ友ニ、夫婦相和シ、朋友《ホウユウ》相信シ、恭倹己《キョウケンオノレ》ヲ持シ、……学ヲ修《オサ》メ業ヲ習《ナラ》ヒ、一旦緩急《カンキュウ》アレハ義勇公《ギユウコウ》ニ奉シ」と、日本人に望ましい倫理・道徳が説かれました（最後の文言は、ときには軍国主義的理念のように説明されることがありますが、まず当時の日本の置かれた国際環境における国権の確立という文脈において理解されるべきでしょう）。

教育勅語は、明治政府による上からの倫理規範の強制あるいは思想統制であると一部の日本史家などによって主張されていますが、ここに掲げられている徳目が、ナショナリズムを別として（それも新時代の「公」の道の側面をもっています）、伝統的な人倫に代表される庶民の道と心、あえていえば当時の国民的ともいえる倫理観や道義の感覚に立脚していることは明らかです（「博愛衆ニ及ホシ」のみがより西洋的・キリスト教的といえます）。さらに教育勅語にみられる倫理やモラルの根底が、神道、儒教ないしキリスト教のような特定の宗教とか教義の体系でなく、むしろ心学的ないし日本的ともいうべきことは容易に気づかれることでしょう。

心学的精神性の復活

ここにおいて、石門心学や報徳運動に再生の途が開かれました。さまざまな伝統的な道徳教化運動も起こりました。教育勅語は、発令の当時、小学校で三大節に校長が朗読するのみで、敬して遠ざけられるところがあったといいます。これにたいし明治天皇の皇后、のちの昭憲皇太后が非常に心配し、側近の高崎正風《まさかぜ》（明治二一年設置の御歌所長、男爵、枢密院顧問）に相談した結果、過渡的に高崎によって修養団体として修斉会《しゅうせいかい》（のち一徳会《いっとくかい》）が設立をみました。そして同会が、石門心学の明倫舎と参前舎に働きかけて、心学道話通じて、教育勅語の精神の全国的、かつ国民の広い階層にわたる普及が試みられることになり、効果を上げたといわれます（山田敬齋『石門心学講話』）。

『都鄙問答』や『鳩翁道話』が改めて発行されました。例えば新渡戸《にとべ》稲造《いなぞう》は、札幌農学校に学び、「少年よ大志を抱け《ボーイズ・ビー・アンビシャス》」の教えに感動し、クリスチャンとなり、アメリカに留学し、のち、一高・東京女子大の学長をへて国際連盟の事務局次長となったほどの、明治・大正期の代表的な国際人でした。彼は明治末年に『武士道』（英文）を執筆したほか、人生訓の著書を次々書きましたが、このなかでも心学道話を引き、人生のあり方を説いています（新渡戸『世渡りの道』）。ちなみに新渡戸は、教育勅語や報徳運動も日本人の精神性として大いに評価しています。

「勤（勤勉）・倹（倹約）・譲（職分・役割）」の徳を説く報徳社や、やや遅れて大阪の懐徳堂など修養団体も、息をふきかえしました。ことに報徳運動は、心学の場合と同様に、皇室および政府（農商務省、のち農林省）の支援を背景として発展し、本来の地盤たる農村にとどまらず、大都市の産業界や財閥までひろい範囲の支持を得ました。明治末年の報徳社は三〇〇近くに達し、大正時代には大日本報徳会の設立をへて、全国の小学校に少年時代の二宮金次郎の立像が設置され、学校教育の精神の象徴となったことは周知のとおりです。

渋沢栄一が、国家、公共のための新しい産業の創設を提唱するあまり、在来の心学や商人道に関心が乏しかったことは前述しましたが、彼は東京商業会議所の初代会頭として、熱心に「実業の道義」を唱道するようになりました。彼の場合は、幼少期に親しんだ『論語』を経典とし、「富貴《ふうき》」は誰もが望むものであるが、「道」（正義・誠実・廉直・礼節）にかなわなければならないとし、競争も「君子の争い」たるべきであると考えました。この渋沢も、教育勅語を国民精神の精華《せいか》と称揚し、報徳社を支援しました。さらに儒教も神道も尊崇し、キリスト教と慈善運動にも助力するというふうで、晩年には帰一《きいつ》協会という東西宗教の統合と普及をめざす運動にもコミットしています。そして日本の経済の近代化の成功を、日本人の「公」と「協力」を尊ぶ会社の精神に帰するなど（渋沢栄一『明治商工史』）、結局は心学に通ずる、日本の「実業道」の提唱者となりました。

明治の実業家たちと心学

明治時代の実業家には、近代的経済制度はこれを学習し、活用するものの、従来の商人道の信条をそのまま信奉して大成した人々もありました。安田善次郎（一八三八〈天保九〉～一九二一〈大正一〇〉）は、安田銀行（のちの富士銀行、現在のみずほ銀行）を創設し、銀行・保険を中心に安田財閥を築き、一代での富の蓄積という点では、誰よりも成功した実業家でしたが、商人道の実践者でもありました。富山県の出身で、幕末に江戸に出て、両替屋の手代奉公から経験を重ねるうち、一家をなすには近江商人が身につけている「勤勉」「節約」そして「奉仕」を範とすべきと考え、終始一貫しました。彼は五倫を人の道とし、「君・父・師の恩を忘れず不足をいうまじきこと」を「教訓」とし、自らを「勤倹堂《きんけんどう》」と称し、私邸を「懐徳館《かいとくかん》」と名づけるほど徹底しました。

同世代での実業家として大成した大倉喜八郎（一八三七〈天保八〉～一九二八〈昭和三〉）は、新潟県新発田《しばた》の出身で、生家は地元の地主兼商家ですが、代々石門心学の信奉者でした。幕末に江戸に出て、維新前に危険をおかして銃砲店を開業し、成功しました。明治五年には近代的ビジネスの調査の必要から早々とロンドンに赴いており、たまたまイギリスを訪問中の岩倉使節団の大久保利通らを驚かせています。その後、大倉組と称する土木事業の会社を起こし、西南戦争に際して、政府軍の「御用」（必要物資の調達）をつとめ、さらに誰よりも早く韓国の釜山に渡って中国本土の各地の資源の開発にのり出すなど、内外の諸事業で大いに活躍しました。

この大倉喜八郎は、日露戦争に際会するや、陸軍の兵站を引き受けた業績を評価されて男爵に任ぜられると、大倉高等商業学校（現在の東京経済大学の前身）を設立し、近代的ビジネスマンの養成につくしました。同校の必須のテキストには、石田梅岩の『都鄙問答』を指定しています。波瀾に富んだ彼の人生とは違和感がありますが、彼としては、なによりも労働や仕事の価値を学生に身につかせたかったことでしょう。

幕末に、三井家京都本店が心学者を招いて店員の教育をしたことは既述したところですが、形成期の財閥内部で、ビジネスに有能な人材養成に石門心学が採用されたことは注意すべきところです。

静岡県で養蚕・植林・銀行などを営み、天竜川の治水という社会事業を成しとげて名声の高い金原明善《きんばらめいぜん》（一八三二〈天保三〉～一九二三〈大正一二〉）も、代表的な人物の一人でした。彼は、文明開化の時代に「今日博士学士の名紳《めいしん》が不義不正の罪科に処せらるる者あるをみては、甚だ洋学の人を教うる所以《ゆえん》を怪《あやし》み、生活の基盤を「家」におき、伝統的な儒教の教える修身・斉家すれば足りるとし（鈴木要太郎『金原明善の生涯』）、「勤労・節倹・忍耐」をもって三徳目としました。金原の場合、ビジネスと公共事業で多忙な生涯を送り、かたわら身近な実践道徳や教訓を説いていますが、その態度や思想内容は、まったく心学道話的なものです。

中央の財閥のリーダーや代表的な実業家の場合は、ナショナリズムの起業精神のみが喧伝されがちであったせいもあって、伝統的な経営の精神のほうはあまり目立ちませんでしたが、まもなく有力な会社においても、社内では勤労、倹約、協力そして誠実などを信奉すべき徳とするようになりました。「勤倹節約」「質実剛健」「諸事公明」「誠意奉仕」「和衷協同」などは、多くの会社が、「社規」「社訓」あるいは執務の「心得」として掲げるところとなりました。この点は、ほとんど枚挙にいとまがありません。

こうして明治中期以後、会社の着実な発展とともに普及するようになった経営の信条ないし業務の心得は、必ずしも石門心学に直接学ぶところがなかったにせよ、いわば国民性的な価値観に立脚し、伝統的な経営の道の系譜につながることは明らかです。憲法に次いで商法や民法が制定されたのち、明治三〇年代からは三井、住友、安田などいわゆる財閥各家や渋沢栄一なども、新時代にふさわしい家憲・家法の制定につとめ、あるいは改正を試みていますが、その趣旨はいずれも公益の尊重とともに、堅実経営、信用第一を旨とするとともに、祖先と伝統の恩に感謝するというものでした。

東京や関東とちがって、本場の心学の影響が強い京都・大阪はじめ関西の財界や商工業者のなかでは、石門心学の商人道は、実用性、精神性ともに、それほどの変容をみることなく継承され、尊重されました。ここでは、発展はより連続的でした。とりわけ伝統的な商工業と生活様式によってたつ京都の商家や近江商人の場合は、『都鄙問答』の商人道をそのまま指針とし、信奉する人々も少なくありませんでした。京都や大阪の商家では、家憲・家訓の制定と遵守の慣行は、ほとんど江戸時代と変わるところがなかったといえます。

京都・大阪の出身の住友では、総理事をつとめた伊庭貞剛《いばていごう》（一八四七〈弘化四〉～一九二六〈大正一五〉）が、リーダーたる人格の形成を禅の道に求め、自ら実践し、石門心学を住友の精神とし、鈴木馬左也《まさや》（一八六一〈文久元〉～一九二二〈大正一一〉）はじめ後輩の総理事に継承させました。このことは、本書の文脈以来、住友の精神は「国家意識と石門心学」と唱えられつづけました。このことは、本書の文脈から指摘しておきたいと思います。

なお、その後の石門心学のもつ職業教育や修養の運動の側面について述べておくと、明治時代の末頃からは、正規の義務教育の徹底、教育勅語の普及、さらには報徳運動のめざましい発展のなかで、これらに吸収され、ないし融合・同化してゆきました。地方的な講舎のなかでは一時的に活況を示したものも少なくありませんでしたが、概して影響力は限られたものとなりました。

とはいうもの、京都の明倫舎と東京の参前舎などは、その長い伝統と歴史によって、それぞれの特色を発揮しつつ命脈を保ち、「心」と「道」の経営の教育・普及機関として、また修養道場として存続しました。参前舎とその系統では、禅の修行が重んじられたせいもあって、実用性よりもむしろ純粋な精神性をもって、その存在が意義をもち、実業界から敬意が払われました。

第三章　大会社の時代と「企業は人」の経営

近代的大企業の登場と労使関係

明治日本の近代企業の発展は、これまで述べたように、リテラシーの普及と心学や報徳思想が準備した伝統的社会の基盤のうえに、新しい産業国家の建設という、前衛的な人々の精神を反映してもたらされたものでした。そこでは、外に向けては国権の確立、内に向けては家族主義的な和と協力という理念によって、国民的な統合への努力が動機づけられ、推進されました。

ところで二〇世紀に入り近代産業が日本に根づくようになると、雇用の急速な増大にともない、これまで経験したことのない労使関係とか、労務管理というような人間間の問題に直面することになり、その処理や対応が切実なものとなります。近代産業の初期、つまり明治時代の半ば頃までは、請負いという形の伝統的で間接的な雇用形態がむしろ一般的でした。それにたいし直接雇われている労働者、すなわち職工・女工はじめ使用人と呼ばれた人には、士族、職人あるいは農家の次・三男や娘たちが多く、これらの労働者は、さまざまな縁故を通じて採用されるようになりました。ここで当初は雇い主と使用人の関係は、一般に主従の情誼や恩情が支配的でしたが、間もなくさまざまな切実な問題が生じました。

この時期から現実には、往々にして現場ではストライキが起こりましたし、主従や親子の人倫に名をかりた、非人間的な使役《しえき》が行われていました。特に初期の近代産業の主流であった製糸・織物のような軽工業においては、地方から出稼ぎに出た一四、五歳の年端《としは》のゆかない「女工」の酷使がいたる所で生じていました。政府（農商務省）の全国的な調査『職工事情』（明治三六年）で判明した各地の労働者、とりわけ女工の労働実態は、予想をはるかに超える悲惨なものでした。それは、イギリスはじめ先進国から伝えられていた工場労働のもつ苛酷な現実と変わらないと考えられ、工場労働者、特に若年労働者の保護のために工場立法が急がれ、「工場法」が一九一一（明治四四）年に制定されました（施行は一九一六年）。もっとも、工場法の制定に際しても、ヨーロッパのそれと異なり、雇い主と使用人間の伝統的な情誼の関係についてはその維持の必要がうたわれ、施行にさいしては将来を担う若者の健康保持という目的が追加されました。

この時代は、日清・日露戦争をへて第一次大戦にかけての時期で、日本は西洋諸国に比肩する国家への途を歩んでいました。ここでは家族主義国家日本の未来について、―戦争の勝利によるところが大でしたが―国民の間に明るい期待が昂揚していました。近代産業の発展は、同時に国権の確立をもたらすと考えられ、実際にも両者の利害はしばしば一致しました。まさにこうした事情と意識とが、労働者を含めて近代的商工業ビジネスにかかわる人々にたいし、現実の労苦に耐え、困難を克服せしめたといえます。明治末年に来日した欧米諸国の外交官やジャーナリストたちは、一様に日本国中にみなぎる企業熱の持続に目をみはりました。それとともに、年少の女工にいたるまで守られている労働者の高い規律と勤勉に、しばしば強い印象を語っています。労働が価値をもち、勤勉を尊重する社会が近世日本に培われたことは、本書ですでにみたところです。

労使関係と心学的モラル

さて、こうして近代企業、会社組織の黎明から半世紀をへた第一次大戦（大正三〜七年）から後の時代になると、企業、特に近代的ビジネスをめぐる事情は、著しく異なってきます。近代企業は、製糸・紡績など多数の女子労働に依存する軽工業が一段と成長したほか、鉄鋼・造船・金属・電機・機械・化学など男子の熟練労働を基盤とする諸工業の経営が本格的に発達するようになりました。従来これら重化学工業の施設は、八幡製鉄所や横須賀や呉の海軍工廠などの官営を除くと、ごく少数であったものが、大正時代になると民間会社が次々に設立されるようになりました。

また、有力な銀行や保険会社はじめ、各業界を代表する産業諸会社は、東京や大阪の本社のほか各地に事務所や工場を持ち、全国的な支店網を展開しました。有力な会社や銀行が日本の経済や産業を支配するようになりました。「産業革命」と「ビジネス革命」をほぼ同時になしとげた大企業の時代が日本にも到来したのです（由井常彦・大東英祐『大企業時代の到来』）。

第一次大戦では、欧米先進諸国が戦争にまきこまれ、世界中から工業製品の注文が日本に殺到したので、大企業化が急速にすすみました。戦後も、ヨーロッパ諸国の経済の復興にはかなりの年月を要すると思われ、産業界には楽観が続き、空前の大好況は一九二〇（大正九）年春まで持続しました。同年の鉱工業労働者数は、従業員四人以上の事業所のみで二六〇万人に達し、大紡績会社の従業員は二〜三万人の規模となり、常時一〇〇〇人以上の雇用労働力をもつ大会社が一〇〇社以上に達しました。都市では会社員つまりホワイトカラーの職員が増大し、いわゆるサラリーマン社会の時代が到来して、大正デモクラシーの基盤となりました。

こうした大企業や大会社の時代になると、会社は、かつてのように従業員のすべてを昔ながらの使用人として、主従の恩の情誼のみで一方的に処遇することは、しだいに困難となりました。会社にとって、しっかりした経営組織を確立することは不可避となり、大銀行はじめ、三井・三菱・住友のような大財閥や、日本郵船・東京海上火災のような大会社にあっては、学卒の若い職員たちに、資本家たる主人への忠誠心のみを強調して勤労させることに抵抗感が生じてきました。また、労働者数の増大したメーカーにおいて、社長や重役の名前を知らず、顔を合わせることもない現場の労働者を、規律と熟練を要する作業に動機づけるにも、新しい労使のありようが必要となってきたのです。

ふりかえってみれば、東洋の片隅に誕生した日本の近代産業や会社企業が、いちおう大企業にまで達するのに要した期間は半世紀ほどでした。欧米の先進諸国の場合、産業革命以来二世紀近くをついやして徐々に進歩してきた歴史があることからみれば、それはあまりに急速なものでありました。それだけに当然のことながら、当時は大企業といっても、その実がともなっておらず、紡績業などを除くと、国際競争力に欠けており、それを身につけてゆくには、幾多の困難を克服しなければなりませんでした。なかでも重要であったのは、低い労働コストのもとで、幹部社員から日給制の労働者まで、増大する多数の労働者を組織的に勤労せしめるかという新しい問題でした。しかも、この大正末期から昭和初年という時代は、次に述べるように、国際的な環境は日本にとって恵まれていたとはいいがたく、むしろ第一次大戦期の順風から一転して逆風となっていました。

欧米的資本主義の原則と日本の家族主義

ところで、こうした大企業時代の到来と労使関係の背景については、次のような当時の制度的な事情を知っておかねばなりません。現在とちがって、この時代の日本の産業社会においては、先進諸国と同様に、欧米にならった資本主義的な経済の原則ないし秩序がそのまま受け入れられていました。出資に対する利益の配当は、会社経営にとっては最大の義務でした（法的には株主が「社員」で、従業員は「使用人」でした）。会社の〝重役〟と称された常勤の取締役たる経営者は、なによりも出資者たる株主への利益配当に努めねばなりませんでした。会社の業績は、もっぱら株式配当の有無で判断されましたし、経営者の責任と能力にしても、配当の多寡によって評価され、経営者の報酬も配当にみあって決定されるのがルールでした。株主はつねに資本家的利益を享受できました。また、経営者は必ずしも多額の株主たる条件はなかったのですが、いったん社長のような最高経営者を志せば、自社の株式をある程度保有する必要があり、現に社長や専務のような地位の会社重役は、それ相応の株主として持株を増加して、いわば資本家ともなりました。

また第二次大戦前の日本では、持株会社が法的に禁止されていませんでした（先進国ではアメリカのみ禁止されていました）。このため三井・三菱（岩崎家）・住友・安田はじめいわゆる財閥では、どこでも持株会社の制度を用いて、同族の資産の保有と増殖を試みました。ですからひと握りの同族メンバーが、三井合名会社や三菱合資会社のような一大持株会社の株主でした、そしてこれらの財閥持株会社は、直系会社に多額の出資をしていましたし、直系でなくても財閥系の有力会社は、有能な人材を集めて成長した優良会社が少なくありませんでした。その結果として、不況期においても利益配当をつづけましたから、大正時代から財閥家族の資本家たちの収入と富は、莫大な額になるようになりました。この点で戦前の日本の経済社会は、「財閥資本主義」とでもいうべき側面があったのです。

これらの事情のもとで、不況が長引き、労働者の生活難が深刻になると、「労」と「資」という対立した階級の意識は、おさえがたく人々のなかに高まりました。なおこの間にヨーロッパでは、ロシア革命をへて社会主義国家、ソ連邦が誕生しました。資本主義経済の矛盾を、階級対立の構造として理論化したマルクス経済学と革命を歴史的な必然とするマルクス主義が、学界や知識人のなかにしだいに共感を呼びました。西欧諸国でも日本でも、これらの人々のなかに理想社会としての社会主義に対する期待感すら生じました。

人間による企業経営の提唱

　このように戦前の日本の大企業の発展は、欧米の先進諸国と同様に、富の著しい不平等としての階級社会形成と、階級意識の形成をともなうようになりました。だがしかし、マルクス主義の革命思想は、日本に形成された「労働者階級」にたいし、キリスト教ほどにも影響を与えませんでした。ストライキは頻発しましたが、階級闘争的な運動は労働運動の主流を占めることもありませんでした。貧困な農民にしてそうでしたが、労働者にしても、現実の窮状に悩みながら、根底では日本に伝統的な人倫の社会を信じており、より家族主義的な組織の世界を求めていたといえます。

　こうした国民的な社会観や道徳的感性に立脚して、大会社の経営者たちは、伝統と結びつきつつ新しい企業の道を提唱し、制度化につとめるようになりました。大正末年から事態が悪化すると、それはより切実に訴えられました。規模が大きくなり、組織化されても、「企業は人である」との主張であり、人々が和を尊重し、組織や労務についても心を通わせようとする態度です。

ここに求められた日本の大企業の経営における人間関係は、欧米の大企業、とりわけ同時代のアメリカのビッグビジネスで発展した組織と管理の思想と対比してみると、いっそうはっきりします。アメリカのビッグビジネスは、二〇世紀の初頭以来、自動車生産のフォード・システムに代表されるような大量生産・大量販売・そして標準化・規格化を実現しました。それは豊かな社会を約束するものでした。しかし、同時にビッグビジネスでは、組織とマネジメントが、全人格的な人間の関係にとってかわるものとなりました。

ビッグビジネスの組織とは、なによりも原料から製品へ、そして製品を市場へと、厖大な商品の複雑な流れを調整するシステムでした。またマネジメントは、科学的管理として現場の労働者を、一律に合理的な作業に編成するものでした。そこでは、ビジネスにかかわる人々の高い所得や賃金が目指され、実際にも実現しました。とはいえ、企業体たるビッグビジネス自体は、より科学と能率が支配するアメリカ資本主義であって、日本とは縁のない世界となりました。

むろん欧米の大企業の経営管理のなかにも、人間関係《ヒューマンリレーションズ》として、労働者間の人格的な関係に着目し、勤労の動機づけの観点からの努力も行われました。しかしここでの人間は、本社とは隔たった工場の現場における心理学的な科学の対象であって、日本におけるような道と心の主体としての人間の意識とは、相異なるというべきものでした。

「企業は人」を強調したリーダーたち

日本の経営では、大企業でも、「企業は人」といわれ、大正時代から「家族主義」と「温情主義《パターナリズム》」が提唱されました。「家族主義」的な人間関係は、家族主義国家の理念のもとでの恰好な類比《アナロジー》としてしばしば使われました。家族主義的な経営パターナリズムは一九世紀の欧米でもひろくみられたところですが、日本では全体の「和」の理念がなによりも重視されました。また従業員から管理職をへて経営者への昇進の途がしだいに制度化されるなど、欧米諸国とは異なる「日本的経営」の特徴がみられるようになりました。以下、代表的な事例をたどってみましょう。

明治・大正期の国鉄（日本国有鉄道、現在のＪＲ）の一家主義は、和と協力の大企業体として、もっとも古く、かつ象徴的な例といえます。国鉄は、数多くの民間の鉄道会社の一大合併によって、一九〇八（明治四一）年に発足し、まもなく職員十数万人を超える巨大な組織体となりました。ここでは賃金から管理制度まで千差万別の各社が統合されることになりましたが、初代総裁となった後藤新平（のちの東京市長、逓信大臣）は、従業員の感情の対立をもっとも恐れました。彼は、不要人員の解雇を含む人事の編成に腐心し、「一家族企業体」の実現の理想を掲げました。同時に率先垂範すべく、彼自身が全国的な遊説活動に乗り出し、成果をあげました。そして国鉄の全員は、相互の人間的信頼と情愛の原理に立脚すべきであり、すべての問題は「和《わ》衷《ちゅう》協同」

と「奉仕」の精神で解決すべきであると説きました。そこで早くも戦前の「国鉄一家」ができあがったのです。

財閥においても、人間が強調されました。この時代を通じて三菱のリーダーは、三菱合資はじめ直系各社の社長を一人ですべて兼務した岩崎小弥太《こやた》（一八七九〈明治一二〉～一九四五〈昭和二〇〉）でした。彼は、銀行、鉱山、造船（のち重工業）はじめ、第一次大戦中に商事、製鉄、電機と次々に多角的に分社し、いやおうなく巨大で複雑となった三菱をいかに経営するかという問題に直面しました。その際、主従の関係ではなくても、この企業体の組織も結局は人間の組織であり、そこでは思想がなにより重要で、組織の制度的整備よりも人間の一致協力の精神こそが重要である、と考えるにいたりました。三菱の「所期奉公」の理念を高揚するとともに、彼は、この点を次のように強調しました（「商事会社場所長会議席上に於ける挨拶」大正九年五月）。

（新しい分系会社制にともなう）秩序規律といふ問題に関連しまして、一言致して置き度いのは思想の問題であります。……今回改正された組織を一見した多くの部を有し、斯くの如く多くの支店を有する此の複雑なる組織を、如何にして統一し、如何にして一致協力の実を挙げ得るであろうかと、此れが多くの人々の疑でありました。……然しながら退いて静かに考へて見ますると、協同一致又は統一と言ふことは、必ずしも組織のみを以て其の目的を達することは出来ない。要は組織を形づくる人に存するのである。及ち《すなわ》吾人《ごじん》が其の覚悟を以て協同一致事に当れば、仮令《たとへ》組織に多少の欠陥はあっても、其の欠陥は補うて余あると思ふのであります。

産業会社では、武藤山治《むとうさんじ》（一八六七〈慶応三〉～一九三四〈昭和九〉）が、温情主義の積極的主張者として有名です。彼の経営する鐘淵紡績会社（鐘紡《かねぼう》）は、日本屈指の大メーカーで、高率配当を持続した優良会社であり、その上、彼自身ＩＬＯ（国際労働機関）の第一回大会の日本の経営者代表を務めるなど、自他ともに認める産業界のリーダーでした。慶応に学び、若い頃アメリカで生活した経験がありましたが、日本の温情主義の経営の信念を次のように力説しました（鐘紡営業部『訓話集』大正一三年）。

吾《わが》国家制度の西洋と異る点は、各人が其《その》能に応じて働き、総じて温愛も情を基とし其中に尊敬及犠牲の精神が充ちている点であります。如何なる過激思想を抱くものも家族内に於ける温愛の情を非とするものはありますまい。……私の労働問題の上に必要なりと主張する温情主義は、一家族内に存在する温情を雇主と被傭者との間に実行することが相互の為にもっとも有益であり必要だと唱ふるに過ぎませぬ。

武藤は、経営内の上下の尊敬と温愛、和と犠牲の意義を唱えるキャンペーンを、国内、国外に展開してやみませんでした。彼はその実をあげるために、自身が執筆する社内報を発行し始め、常務取締役は社内出身者とし、各地の事務所を必ず工場内に置き、経営者がつねに出勤して労働者と朝夕顔をあわせて、心が通い合うように、一九二一（大正一〇）年に定款でこの点を定めています。

武藤の鐘紡ほどではないにしろ、財閥系はじめ有力な大製造会社において、この時期に工場長が役員となり、将来を嘱望される有能な人材が工場に赴任することが、人事の慣行となりました。トップから現場まで、企業は人として、現場の緊密な人事が重視されました。これは、工場が単なる生産の場所であって、生活の場としては経営者と労働者が切り離された欧米のビッグビジネスとはまったく異なるあり方でした。日本の経営の道と心の伝統が、このような形で制度化されたことは、重視されるべきでしょう（由井常彦・大東英祐『大企業時代の到来』）。

財界団体（日本工業倶楽部）の経営観・労働観

日本工業倶楽部は、一九一七（大正六）年四月、大企業の経営者団体、すなわち日本最初の財界団体として発足しました（商工会議所は、各都市を基盤として中小商工業者の利害を代表するようになる）。当初のおもな課題は、国際関係の諸問題と労使関係への対応であり、初代理事長には團琢磨《だんたくま》（一八五八〈安政五〉～一九三二〈昭和七〉、テクノロジーを標榜して設立されたばかりのアメリカのMITマサチューセッツ工科大学卒業、三井鉱山の近代化に成功、三井合名会社理事長）

が就任しました。

團は、第一次大戦後の欧米の財界との交流をはかり、大正一一年秋に二四名からなる英米訪察実業団の団長となってアメリカ、イギリスおよびフランスを訪問、成果を上げました。とりわけ團琢磨は、三井三池の鉱山開発、三池港の築港などの業績によって、ボストンではMITで異例ともいえる大歓迎をうけ、アメリカにおける日本人技術者の評価を大いに高めました。労使関係については、日本の伝統を尊重することとし（武藤のILO派遣はほぼ同時期）、工業倶楽部内におかれた官民出資の協調会において、労働問題の研究と現実の紛争の対処にあたることとしました。

日本工業倶楽部は、大正一〇年に壮麗な工業倶楽部会館を完成しましたが、玄関の上には男性鉱夫と女性の織姫の像を飾り、日本の産業界の勤労の精神と労使協調のシンボルとしました（今日でも見ることができます）。欧米ならば團のような財界の代表者の像になるでしょう。これは非常に興味深い相違といわねばなりません。ちなみにこの会館では、一九二九年に團らが主催した萬国工業会議が開かれ、戦後の一九五五年には商工会議所の世界会議（ICC）が開催され、ともに日本の産業の国際化に大いに寄与しました。

第四章 〝日本的経営〟の「一」の哲学

大恐慌の到来と家族主義の破綻

さて、この時代に大企業では、成年男子の労働者に対する終身（長期）雇用・年功賃金・企業内訓練そして社内福祉の諸制度が、職員層ばかりでなく、職工層にたいしても拡大され始めました。国際的にも、ジャパニーズ・マネジメントとして知られる日本的な労務慣行の始まりです。戦前日本の労務の制度ないし慣行と、その理念をひっくるめて〝システマティックな温情主義〟と称されることもあります（間宏『日本労務管理史研究』、これにたいしより労働者側の態度を重視する立場もある＝奥田健二『人と経営』）。本書は、こうした日本的な雇用や労務の制度と事例を、歴史的に立ち入って説明することはできませんし、その必要もないでしょう。

本書ではむしろ、昭和初年から戦時にかけて、大企業の労使協調が、便宜的ないしたんなる融和的な温情主義にとどまらず、「経営一体」の実績と日本的経営の哲学を呼び起こした事実に注目したいと思います。

一九二九（昭和四）年の浜口内閣による、幣制の国際化たる金解禁（金融の自由化）は、競争力の乏しい国内産業を不況におとしいれました。加うるに、この年一〇月、ウォール街の株式暴落に端を発した翌年の世界恐慌《グレート・デプレション》（アメリカでも人口の三分の一は、食べるものも住む家もないといわれました）の波及は、昭和恐慌と呼ばれる大不況をもたらし、それまでの財界の楽観は一挙に消しとびました。財閥系の大会社でも、市場の縮小にともない人員の整理がひろく行われるにいたりました。武藤の鐘紡でも昭和四年春にストライキが起きました。ここでは淀川工場の学卒職員が、「貧乏物語」の著者、河上肇京大教授の鐘紡に対する批判（高率配当と武藤に対する巨額の退職金）に同調したためで、マスコミは「家族主義の破綻」と称しました。

昭和五年には、〝三井のドル買い〟（政府の円の高値安定〈一ドル二円〉の方針に反し、三井物産と三井銀行がドルを買いつけた事件）がセンセーショナルに報ぜられ、また三菱造船でも度重なる人員整理にたいしストライキが起きました。財閥批判、財閥への反感が一挙に高まりました。

こうした深刻な事態から、住友の当主吉左衛門は死期を早め、三菱の岩崎小弥太は神経衰弱となり休養をよぎなくされました。次いで昭和七年三月、三井財閥のリーダーで、工業倶楽部理事長の團琢磨が右翼テロの犠牲となりました。家族主義の理念と社会の現実が、大きな矛盾として表面化したといえます。團の暗殺は、財界の反対運動により政府提案の労働組合法が貴族院で否決された直後のことでした（直前に恐慌下のアメリカのカリフォルニアでは可決をみています）。

労使協調の「一」と京都学派の哲学

ここにおいて成長途上の大企業は、深刻な試練に直面したのであり、その打開は、新しい世代の経営者に求められました。これにたいし、日本の大企業のありようを統合的な一体の哲学に求め、これを見出し、実践したのは、主として工業倶楽部のメンバーの大学卒の経営者のグループでした。

この時期の大会社のリーダー層は、当時限られた大学卒の経歴の持ち主で、カントの人格主義はじめ古今東西の思想・哲学に親しんだ人々で、それがまた学卒エリートたる彼らの矜持《きょうじ》でした。彼らが、危機的状況下で、日本人の哲学そして日本企業の経営理念として求め、かつ実践したのは、西田幾多郎《きたろう》、鈴木大拙《だいせつ》ら日本に生まれた、いわゆる京都学派の哲学でした。

京都学派の哲学においては、西洋の哲学の、神と人間、自と他、主観と客観、資本と労働のような二元的な対立の克服が求められ、西田の「絶対矛盾の自己同一」や鈴木の「相即相入《そうそくそうにゅう》」「東洋的一」に示されるように、対立よりも調和、矛盾よりも統合を重視する、東洋的一元論の哲学でした。それは大乗仏教、特に禅仏教に拠って立つものでした。ここで本書の読者は、第一部に記述した石田梅岩の『都鄙問答』(性理問答)を、容易に想起されたことでしょう。

一体を実践した経営者たち

さて、昭和初年の日本資本主義の危機ともいえる時代において、日本ないし東洋の哲学の影響を受け、労使一体の理念を信じ、自ら実践した工業倶楽部のリーダーたちには、中島久万吉《くまきち》、膳《ぜん》桂之助《けいのすけ》、宮島清次郎、諸井貫一《もろいかんいち》らがいました。

膳桂之助（一八八七〜一九五一）は、優秀な若手官僚（内務省）で（ひとりで簡易保険法を立案、制定にもちこんでいます）、労働問題の担当でした。彼は、中島に乞われて工業倶楽部の事務局長、次いで協調会担当となると、日本における真の労使協調の可能性と実現を信じ、つねに紛争企業の現場に赴いて調停に生涯のエネルギーを燃焼して、戦後まもなく死去しました。

宮島清次郎（一八七九〜一九六三）は、心身の鍛錬に学生時代（四高〜東大）を過ごし、住友に入社、銅山の現場でも鍛えられた経験の持ち主で、経営難にみまわれていた日清紡績の経営者となると、労働者と生活を共にしました（水害の際は、泳いで工場に辿り着き、指揮したといわれます）。前述の團琢磨の視察団に参加し、米英両国の紡績工場を視察した結果、日本の労使一体の経営の方が優れていると確信するにいたりました。彼はその精神的淵源を研究し、鎌倉武士（主君は部下を見捨てず、一所懸命に戦う）に求めています。

他方で宮島は、日本の実業家は温情主義を唱えているがその実をともなっていないと、商工会議所の藤山雷太会長を批判しています。戦時中は政府の紡績業者の合併案にも反対し通しました。

中島久万吉（一八七三～一九六〇）は、土佐藩の志士出身の祖父をもち、若年で襲爵（子爵）、東京高商に学び、斎藤実内閣の商工大臣となり、官営八幡製鉄所の民営化を実現したのち、禅の修行に打ち込み、戦時中に工業倶楽部に常設の修養会〝素修《そしゅう》会〟を設立、後輩の指導に当たりました（素修会はその後も存続）。

一般の有力会社の経営者にも、労使一体の信奉者・実践者が相次ぎました。辛島浅彦《からしまあさひこ》（東洋レーヨン）は、三井物産の出身ですが、化学繊維の国産化に挑戦する立場から、「一」の精神を実践し、毎朝京都で参禅しつつ労働者と寝食を共にしました。豊田自動車の創業者豊田喜一郎は、自動車製造にとり組みつつ、松島の瑞巌寺に通いました。資生堂の松本昇は、化粧品のマーケティングの先駆者ですが、生涯釈迦牟尼《しゃかむに》会（東京の在家の禅会）の修行者でもありました。

彼らにみる強靱な精神力と経営理念は、究極的には大乗仏教的な宗教・哲学に依拠するもので、『都鄙問答』にさかのぼるものです。彼らが標榜した経営は、創立者の出資とかかわりなく、永続すべき公的組織体であることで、〝日本的経営〟の根本理念というべきものでした。

労使一体意識、日本の経営の精神

一般にも、こうして会社の組織体が公たることが意識され、この時代から「仕事」の「仕」も「事」も、国家・社会・他者につかえ、社会のなかでの役割を果たすことであり、「感謝」と「報恩」の心をもって、「奉仕」すべきことが、どの会社でもしきりに説かれるようになりました。そして、ひろく受け入れられました。それは、石門心学や報徳思想の伝統に根ざすもの、むしろ心学そのものであるとさえいえましょう。「奉仕」は英語のサービスにあたるかもしれませんが、イギリスにおいてサービスには「賤《いや》しい」という意味あいがともないましたし、アメリカの企業の「サービス」ではもっぱら価格の安さと、機能性が重視されました。日本の場合の「奉仕」が心の関係を重視し、「感謝」と結びついていることと際立ったちがいがあることがわかります。

このように企業が公的価値をもつ組織体であり、仕事が奉仕であれば、身分上の地位の差や職分のちがいがあっても、仕事自体に、ほんらい上下の別はない道理となります。こうした経営の道の思想からも、現場は重視されました。たとえば学卒の幹部候補の若手社員は、本社でなく、遠隔地の工場や支店に勤務することはむしろ必要視されました。

欧米のビッグビジネスにおいて、その発展とともに、本社、研究所と工場との分離が進み、工場が、エリート社員や研究所員にとって無縁となったことを考えると、人事・組織において大きな相違が生じたといえましょう。

さらに、大規模に成長しても、企業は「一家」さらには統合的な「一」であるべきとの理念が、経営者のなかに働いたことは注目されるべきです。先に紹介した武藤山治の鐘紡は、相次ぐ合併で急成長しましたが、取締役の数を最小限にとどめ、かつ本社の組織の階層化を警戒して、経営の一体感の維持に努めました。大正末期から昭和初期の不況期において、有力な会社の多くは、それにならうように、業績が向上しても役員の数を抑制しました。その後の不況が深刻化し、従業員を多数解雇するときは、非常勤の取締役や監査役はじめ役員の数を減らすことが当然（道）となりました。これは、企業の合併のたびに、被合併会社の取締役が全員留任するので、役員の数が不況下でも増加の一途をたどったイギリスの事例と（ここでは企業は名実ともに出資者の所有物となりました）、まさに対照的であったといえます。労使の関係といっても、イギリスのそれと日本のそれとでは相違が生じたのは当然といえましょう。

以上のような統合された組織体の理念のもとで、企業は文字どおり永続さるべきものとなりました。明治時代に設立された会社は、大規模であっても、定款で会社の存続期間が二〇年というように規定されました。それが、大正時代になると五〇年となり、さらにこの頃には存続期間の規定が廃されるようになりました。もちろん会社の永続性（ゴーイング・コンサーン的性格）は、どの国でも多かれ少なかれ発達したことであって、この点の国際比較の研究が必ずしも進んでいない現在、はっきりしたことはいえません。しかし、会社の歴史の浅い日本において、早くも会社の未来永劫《えいごう》の存続と発展がうたわれるようになった、ということは重視されねばなりません。その後、戦争と敗戦という〝断絶〟をへたのちも、歴史と伝統をもつ会社は、どこでも責任ある人々が、復興と再建に使命感を燃やし、努力や情熱を傾けるところとなったからです。

科学的管理法と能率道

石田梅岩が江戸時代において商人道を説き、渋沢栄一が明治時代に実業の道義を提唱し、武藤山治が大正時代から温情主義の労使のありようを力説しました。こうした流れからみると、昭和一〇年代、日本と欧米諸国との間に国際的な緊張関係が高まり、日本の経営にたいし科学の必要が重視された一時代において、ビジネスの「能率道《どう》」が提唱されたことは、経営の道と心の観点から注目に値します（佐々木聡『科学的管理法の日本的展開』）。

　昭和初年から戦時にかけての日本経済は、合理化の時代でした。国際水準からみて競争力に劣る日本の企業にとり、経営の合理化は不可欠であり、そのためアメリカで発達した「科学的管理法《サイエンティフィック・マネジメント》」の導入運動が政府の支援のもとに熱心に試みられました。企業において「能率」が重視され、「無駄の排除」が産業界で唱えられました。

　一般に、わが国で能率増進といわれたこの運動のリーダーとなった上野陽一（一八八三〈明治一六〉～一九五七〈昭和三二〉）は、アメリカに留学し、科学的管理法の父といわれたF・W・テイラーについて、このシステマティックな経営手法を学び、帰国後、協調会に勤務し、日本産業能率研究所の所長となりました。その後機関誌『能率研究』を発行し、数多くの科学的管理法に関する訳書や著書を刊行し、能率協会（昭和一七年設立）の役員となり、日本能率学校を設立するなど、生涯を能率増進運動に捧げました。

　上野陽一によると、能率的なビジネスこそ、近代企業の本来的な姿にほかならないもので、

「神道、仏道、剣道のような一つの道」（上野『能率道講話』）であるべきものでした。彼は、アメリカにおいて、その概念やアイディアおよび手法を学んだのですが、この新しい経営のありようを「能率道」と名づけました。近代日本の経営学の先駆といえましょう。事業が人であり、道である日本においてこそ、これは能率道として練磨され、実践されねばならない、と考え、一九四二（昭和一七）年から機関誌『能率道』を発行しました。能率道は、東洋の道として、次のように説明されています（上野陽一「あめりか旅行の思い出」、原文は片カナ、発音表記）。

アメリカ人はあまりに仕事と遊び、事務と享楽との区別をたてすぎる。東洋思想は仕事の中に享楽を発見するものである。故テイラー氏は、たしかに東洋思想の一面を捉えていたように思う。かつて氏は、「余の方法は、ストップ・ウオッチやコントロール・ボードや計画やそんなものではない、使用者および使用人の心の態度の変化、これこそ余の管理法の根本である」といわれた。もし故人が今夕この席におられて私の拙い英語を聞かれたならば、必ず東洋思想に興味をもたれて研究を始められるに相違ない。

ＴＱＣ運動の先駆的な存在

上野陽一によれば、彼の提唱する能率道は、いわゆるテイラー・システムの特徴である動作研《モーションスタ》究《ディ》・時間研究《タイムスタディ》のような単なるメカニカルな手法ではなく、むしろ正反対の、経営者・従業員のビジネスの「心」の問題でした。彼は全国各地で精力的に講演活動を行い、工場・商店のカウンセラーをつとめ、正食・正坐・正学・正信・正語の能率五道をあみ出して、これを唱道し、禅に傾倒し、静坐を勧奨するなど、理念においても実践においても、石田梅岩の心学運動そのままを展開しました。上野の能率道の普及運動は、たまたまその途上で太平洋戦争に際会したため、十分な開花をみないまま中絶を余儀なくされました。彼は戦後、運動を再開し、やがて生産性向上運動が発足するとともにリーダーの一人となりましたが、まもなく他界しました。だが、労働者を含めて、ビジネス生活と仕事のなかに人間の十分な生き甲斐があるとし、経営にかかわる人々はそれを求めるべきであるという主張は、日本の伝統にそくしていたといえましょう。

　上野のいう能率道は、経営も労働も、ともに追求すべき目標であり、現実社会の一つの理想でもありました。ですから、戦後の日本の企業が、アメリカに範をとりつつも現場の労働者を含めた組織全体のテーマとして発展させ、世界的な関心を集めたＴＱＣ（全社的品質管理）やＴＣＲ（全社的合理化）のような、品質管理と経営の効率化は、まさに能率道の延長というべきものでした。

第五章　戦後の復興・高度成長と日本の経営

家族主義的理念の瓦解と民主化の諸改革

ここでは、現代として第二次大戦後のいわゆる戦後改革とそれにつづく日本の経営の再編について、これまでどおり道と心の観点から考えてみましょう。

戦前の家族主義国家の理念が、昭和初期の不況期に大きな困難にみまわれていたことは、すでに述べたとおりです。そして、ヨーロッパのファシズムや、世界的なブロック経済の発展の影響をうけて、この頃から国内では軍部が勢力をもつとともに、政党政治が衰退し、思想や政治が軍国主義的になり、やがては国粋的な大東亜共栄圏の形成へと傾斜していったことは説明するまでもありません。

いま戦前をふり返ってみると、日本は市場経済の急速な近代化、なかでも近代企業の発展の持続において成功しました。とはいえ、農村は近代化の利益に十分にあずかれず、伝統的な姿を色濃く残していたままでしたし、同じビジネスでも国際的に進歩した大会社と停滞的な中小企業（当時の「中小商工業」）とはほとんど別な世界でした。要するに、発展が非常にアンバランスでした。また、大正デモクラシーの時代が到来し、普通選挙制度が実現したとはいえ、民主主義的な思想や制度は十分に定着したとはいえませんでした。その間にヨーロッパで一九三九年に第二次大戦が勃発したしたことは、不幸な歴史のなりゆきでした。結局は、太平洋戦争と敗戦をへて、家族主義的な国家の理念は瓦解しました。それとともに、すでに形骸化していた家族主義や温情主義の経営の理念は、その根拠を失いました。

敗戦後、明治初年の文明開化の一時期と同じように、欧米の自由主義先進諸国が日本にとっての模範となりました。〝民主化〟と〝人権の尊重〟が合言葉となり、民主主義の諸原則が、政治・経済・教育など、どの分野においても、異議や疑問の余地のないあり方として尊重され、数々の改革が実施されました。この戦後改革のなかで、本書の文脈において重要なものとしては、財閥が解体され、農地改革とともに富の再分配が行われたこと、そして労使関係の近代化・民主化が実現したことがあげられます。

前者の、財閥の解体についてみると、財閥は、大正から昭和と時代が進むにつれ、傘下の有力会社の役員には同族のメンバーを最小限にとどめ、経営者には社員出身の有能な人材を配し、意思決定はじめ実質的な権限の委譲をはかりました。しかし、閉鎖的な同族資本による有力な企業支配の体制それ自体は抜本的な改革が困難で、本社はじめ傘下企業の経営者にとって、また企業のダイナミズムにとって、多くの障害が感ぜられるようになりました。さらに社会的にみても、財閥家族の〝有閑〟な上流階級化は、昭和年代になると人々の批判の対象となっていました。

したがって財閥の〝改革〟は、戦後がなくても、日本の経済の発展にとって、いずれは避けがたい途となっていました。ですから、占領軍総司令部（ＧＨＱ）の指示によって行われた徹底的な解体（昭和二一～二二年）は、国際的には異例な措置であったものの、国内の批判は乏しいものでした（それにたいし、ＧＨＱの経済力の集中排除すなわち大会社の解体政策の方は、日本の政府・産業界の反対が強力で、ＧＨＱ案は大幅に緩和されました）。財閥の解体は、復興にとり組む戦後の企業にとって過渡的な打撃があったといえ、かつてのエリート階級の消滅は、新時代の経営者はじめビジネスにかかわる多くの人々の向上心を刺激し、機会と希望を与える契機となりました。

後者の労使関係の近代化についてみると、日本国憲法の制定に先立って一九四五（昭和二〇）年一二月に、戦後の諸改革の最初のステップとして、労働組合法が制定され、組合の設立と活動が法的に認められ、促進されました。労働組合法は戦前から政府内部で検討され、準備が進められており、ＧＨＱから求められると、ほとんど即座に、かつ国際的にも非常に進歩した制度の立法化が実現したことは注意に値します。その後、物資不足とインフレにともなう深刻な生活難を背景に、激しい労働争議が相次ぎました。特に、日立、東芝、豊田自動車（トヨタ）、日産自動車のような大会社では、戦前とちがって、組合運動に政治色の濃いマルクス主義が多大の影響を及ぼしていたため、激しい紛争の一時期を経験せねばならず、企業別組合を基礎にした労使関係の安定化には数年以上を要しました。

労使が「痛みをわかつ」

さて、戦前の終身雇用制や年功制賃金の発展の歴史について説明を省略したと同時に、第二次大戦後の労使関係の混乱から安定への過程や、戦後の新しい労務管理については、本書は立ち入りません。だが、日本の経営の大きな転機であったこの時期、どの企業も、経営が過去・現在・未来へと永続すべき組織体との意識を強くもち、企業の復興・再建を何よりも優先し、それに使命感すらもったことが改めて想起されるべきでしょう。

なお大多数の会社は、復興・再建を目標に掲げるとともに、復員者や帰国者など、戦前以来の従業員を義務感をもってうけ入れました。そのため、戦時中の増産と企業集中などで増加した労働者数がいっそう増大してしまい、戦後二、三年たつと、その維持が困難となり、大量に解雇せざるをえなくなったことが、戦後の労使間の紛争の一つの原因でした。戦前の権威主義的な性格をもった家族主義とちがって、戦後は労働者の権利を尊重するものに変わりましたが、どちらにせよ、企業が永続すべき一つの統合体であるべきであるとの、伝統的に育まれた思考が労使双方にあったことは否定しがたいところです。

それこそ民主化の時代の、経営の道の意識というべきものでした。戦後早々、労使一体の民主主義的あり方として、大会社ではいっせいに職員と工員の区別が撤廃され、商法の規定とは別に、常勤の従業員はすべて社員となりました。また、まもなく労使紛争の激化した時期においては、経営者側は、経営権においては妥協しませんでしたが、解雇は避けるべきものとの意識は戦前よりも強くなりました。経営の維持が困難となって、やむをえず大量に解雇する場合は、取締役の数を減らし、ともに合理化して、「痛みをわかつ」ことが一般化しました。

財界リーダー、高学歴の知的エリート

敗戦後、経済・産業の復興と再建に責任感をもつ経営者たちは、戦災を免れた工業倶楽部に集まり、昭和二二年に経済団体連合会（経団連）と日本経済団体連合会（日経連）を発足させることになりました。おもな顔ぶれは、パージ（占領軍による追放）を免れた、宮島清次郎（日清紡績）、諸井貫一（秩父セメント）、石川一郎（化学統制会）、石坂泰三（第一生命から東芝）らで、戦前以来の人格主義教養の持ち主（いずれも東大卒）の経営者で、使命感を共有していました。

これらの人々は、敗戦後、四等国にまで貶《おとし》められた当時の日本の再建において、もっとも必要なものは何かと論じ合った末に、エネルギー源の確保、そして宗教心道義心の恢復、の二点に帰着したといわれます。経団連会長には石川一郎（一八八五〜一九七〇）が就任、日経連のリーダーには諸井貫一があたり、工業倶楽部理事長には宮島清次郎が就任し、財界としてのリーダーシップを発揮しました。

石川は、自分の立場を、かねてから尊敬していた明治日本の渋沢栄一（「青淵《せいえん》先生」と呼んでいました）に置き、戦後経済界の指揮者としての究極の信条を「至誠」として、終始一貫しました（石川潔『石川一郎の処世訓』）。彼の父の卯一郎は大阪の商家の出身で、心学の伝統をかえりみるとき、興味あることです。戦後産業復興は、統制から徐々に自由化という微妙なプロセスをへねばなりませんでしたが、財界トップにかかわるスキャンダルはついに起こりませんでした。

宮島は、前章で述べたように日本の経営の精神の提唱者で、工業倶楽部をもって財界の道義の拠点としました。彼の剛直な信念を通し、マスコミからは「財界の奥の院」と称されました。吉田茂首相の同期生であったことも財界の威信に役立ちました。

三代経団連会長の石坂泰三（一八八六〜一九七五）は、生産性向上運動のリーダーとして、かつ国際人としても大いに業績を上げ、有力な政府閣僚にも率直に物を言うことで、「財界の大御所」と呼ばれました。だが、そうした豪放なイメージとはちがい、学生時代は内村鑑三門下のクリスチャンで、生涯宗教的な人物でした。諸井貫一（一八九六〜一九六八）は、「無《む》一物《いちぶつ》」の修養会（西田天香《てんこう》の一燈園《いっとうえん》）の信奉者でした。

その他方で、新しい資本主義のあり方を求めて、戦後の経営者団体として経済同友会も結成されました。同友会は「修正資本主義」の諸案を検討し、資本・経営・労働の三者代表から最高会議体を構成する「新資本主義」を提唱しました（大塚万丈「企業民主化案」昭和二一年）。しかし、こうしたまったく新しい理念は、さきの財界の主流の採るところとならず、話題となったものの、試行されることもありませんでした。要するに、このようなヨーロッパ的な「参加」のアイディアは、資本・経営・労働の利害対立の思想を前提とするものであり、事実はともかく理念として対立を嫌う伝統的な財界人の思想と相いれなかったといえます。日本においては、戦後の一大変革期においてさえ、戦前以来の企業一家の組織体を再建し、復興させることが経営の道であったからにほかなりません。

ところで、欧米諸国をみれば、同じ敗戦国のドイツは、国民全体として、また会社経営について、過去の明確な清算、そして伝統の否定から、出直さなければなりませんでした。ここでは過去との間のすべてに断絶がありました（「過去の処理《フエルカンゲン・ハイツベヴェルティグング》」といわれました）。戦勝国のアメリカやイギリスでは、労使関係はしばしば新しい契約から発足することになり、兵役から帰った労働者のなかには、かつての職場に戻ることができない人々が少なくありませんでした。日本の経営の民主化は、あくまで伝統との連続の上に生み出された道であったわけです。

ちなみに、もちろん欧米諸国においても雇用は、労働者にとって重要な権利でした。しかし戦後になっても、レイオフ（解雇）は資本主義社会の前提であるとの思考はそれほど変わらず、アメリカとEUとはやや異なるものの、失業手当や雇用保険・年金などの諸制度が発達することで、戦後の福祉社会が、日本とはちがったかたちで発展することになりました。

価値観の連続性と心学

明治時代の変革と同様に、われわれは戦後の改革について、劇的な変化のみに目を奪われがちですが、根源的な価値観やモラルにおける連続面に注意を払う必要があります。企業の永続性や労使の統合性は重要ですが、そればかりではありません。日本の産業の自立のためという経営ナショナリズムの理念は何ら変わりなく維持されました。また、戦争中の「滅私奉公」こそ非人間的として否定されたといえ、仕事が公的であって私生活に優先すべきこと、組織内の人間関係たる「人倫」の秩序と「和」、そして他者への「奉仕」を尊重すべきこと、といった規律やモラルは、終戦直後に一時的な低下をみたものの、まもなく復活しました。

経営者についてみると、既述のパージ（追放）によって、会長・社長ら大会社のトップの多数が地位を去り、メンバーはすっかり交替しました。これらの人々は、戦時中の（平）取締役以下の部課長層の若い世代が中心で、戦前とちがって社長にいたるまで株式をほとんど持たない専門経営者たちでした。さらに権威主義的であるよりも、民主的なタイプの人々で、戦前の学生時代にマルクス主義にひかれた人も少なくありませんでした。しかし、経営のトップの責任者、リーダーとしての立場における精神的態度においては、ほとんど変化がありませんでした。企業のリーダーに対するキリスト教の影響力は、労働運動のリーダーにしてもそうでしたが、ＧＨＱの強力な支援と勧奨をもってしても、明治時代の影響力に遠く及びませんでした。

戦後の経営者は、このように戦前とはタイプはちがったのですが、社員や労働者に訴えたのは、会社の復興と成長に、戦前と同じく「和」と「協力」の精神でとり組むことであり、「和衷《わちゅう》協同」というような古い用語さえしばしば用いられました。顧客先や消費者、さらには社会への「奉仕」、言い換えれば、経営にかかわる人間の関係、人々の「心」の尊重も、戦時統制や戦後の混乱に際して忘れられたものとして、財界リーダーのもとに、再び強調されました。組織のなかの上司と部下の関係においては、主従や家族そのものの倫理性は低下したといえ、責任感をもつリーダーは「仁愛」の心をもつ人格であるべきであり。部下は「誠実」な心をもつべきものでした。

事実、戦後日本の経済社会の混乱から復興への時期において心学が、目立たないながらも、着実な役割を果したことはふれておくべきでしょう。「荒廃した人心」の融和のために、京都の明倫舎、東京の参前舎、大阪の明誠舎とも、戦後早々に活動を再開しました。渋沢栄一の孫の渋沢敬三（日銀総裁をへて終戦後の大蔵大臣）は、心学運動の復活に一役買い、当時の日本銀行総裁新木《あらき》栄吉、第一銀行（現みずほ銀行）頭取の酒井杏之助《きょうのすけ》、住友銀行頭取の堀田庄三《しょうぞう》らと語らい、石門心学会の設立（昭和二三年）を支援しました。参前舎主の山田敬齋は、自著『石門心学講話』（昭和二六年）をテキストに都下の各地で心学の復興に尽力しました。教育勅語は戦後顧みられなくなりましたが、石門心学の場合は、それが根源的な哲学と、文字どおり「心」に訴えたものであったために、報徳運動とともに生命力が維持されたともいえます。

労働組合にみる伝統的モラル

ところで、戦後の経営の理念や道の意識を、従業員や労働者の側についてみてみましょう。戦後間もない頃、経営者側からの「和」や「協力」の呼びかけ、あるいは「至誠」の態度にたいして、あまりに伝統的なモラルとして、組合や従業員たちに、当然ながら強い抵抗感があったことは事実です。とはいえ、自分たちが、それに代わる別の理念や倫理を見い出すことはいたって困難でした。前にふれた「修正資本主義」的な（ドイツ的「参加」的）アイディアは、ときには快く思われたり、活発に論ぜられたりしましたが、違和感を乗り越えることはできませんでした。

組合のリーダーたちは、新しい理念や経営戦略には疎く、同じ会社の同僚たちに配慮することのみが、何よりも新しい時代のモラルとつねに感じました。賃金よりも仲間の雇用を重視し、能力にたいする報酬よりも、人々の家庭生活の維持を主張するのが一般的傾向でした。人間のモラルについても、「家庭」を重んじ「長幼」の序を重視するなど、人倫（人間関係）の秩序を指向するものでした。それは、経営者側の理念と根底において通ずるものでした。

「誠意」は、どこでも結局重要でした。価値観や倫理の混乱の時期において労使間の交渉はじめ直接利害が対立する場において、問題の解決は、論理の妥当性や可否よりも、多くの場合、誠意ある態度に置かれ、信頼できる人間の関係の上に実現されました。

ビジネスの秩序の回復は、こうした「和」と「誠意」の上に、戦後数年足らずのうちに実現されていきました。経営者は、経営権を確保するかぎりにおいて、労使一体意識の制度化を進めるようになりました。大会社において、有能な労働組合のリーダーたちは、任期を終えると管理職の地位が与えられ、さらには経営者へと昇進の途を進むようになりました。ドグマ（独断）的なイデオロギーに固執し、職を去った人々もありましたが、「企業は人」である日本の会社において、役割を果すことは人間の道であって、究極的な対立が望ましくない経営の場においては、組合のリーダーは、将来の経営者としても必要なリーダーシップの持ち主とみられました。

こうして労働組合は国際的に進歩した労働組合法が制定されてから急速に発展し、次いで一〇年足らずで組合のリーダーから管理職への途がひろく制度化されました。それは、欧米と著しく異なるあり方でした。一九世紀半ばからの長い歴史をもつイギリスにおいては（労働組合法は一八七一年制定）、夢想さえできない相違が生ずることになりました。

社内出身者の基本的な経営方針

戦後の労使関係が安定化に向かうと、社内出身の経営者による会社の一元的な支配は着実に進みました。戦前においては、労使が一つであるべきであるといっても、社長以下の会社の取締役たちは、出資者にたいする高率の利益配当をすることが最大の義務であり、責任でもありました。それは、戦前の国際的な資本主義体制下でのルールでもありました。

ところが、戦後の民主化と復興の時期において（それは国際的な資本主義体制の外でした）、経営者は、従業員の利害にたいして配慮をつくす反面において、株主の利害の主張や利益配当を抑制しがちでした。配当は一割（払込資本金の一〇％）が標準とされ、この方針は長く維持されました。経営民主化の時代において、戦前の反省からも、出資者の発言権は低下しました。

戦後の商法の改正（昭和二五年）によって、企業経営の支配権は、法的にも、出資者・株主から取締役会に移行しましたが、その後社内出身者による取締役のポストへの昇進はどこまでもつづきました。社長であっても出資者たる必要はほとんどなくなりました。その結果、日本の大会社では、会長、社長以下の取締役のほとんどが社内出身者によって占められることになりました。たんなる出資者の資格での取締役は、その存在と発言権が、社内の和と統合にとって適合的でなくなり、排除されがちでした。

戦後の欧米、特にアメリカの大会社は、出資者、経営者、労働者が、それぞれの利害を権利として主張しつづけました。結果的には、株主、経営者、労働者の企業間の移動性が増大しました。言い換えれば、会社は、誰にとっての会社か、必ずしもはっきりしなくなりました。ガバナンスが改めて問われるようになったのは最近のことです。これにたいし日本の企業は、いわばトップから末端まで社員すなわち従業員全員の経営として、産業民主主義の一つのありようとして、昭和三〇～四〇年代の高度成長時代を通じて求心力とアイデンティティをほとんど失うことなく、むしろ高めていったといえます。

職場や職務の移動性の高さと現場主義

高度成長の時代をへたのち、日本の企業は、貿易の自由化と円高、公害問題、二度の石油危機などのチャレンジをへて、七〇年代末から八〇年代にかけては省力化・情報化にとり組み、高い国際競争力を身につけるにいたりました。この間、輸出の増大が国際的な摩擦を呼び起こし、環境問題も切実に問われることになり、経営ナショナリズムの理念は衰弱を余儀なくされましたが、労使間の協力体制と、そして従業員の利益・福祉を重視する傾向は変わることなく強化されました。一九七〇年代末頃から日本の企業は、人事や労務管理ばかりでなく、経営の戦略や企業内外の組織の構造さらにはサービスのあり方まで、欧米諸国はもとより他の自由主義諸国の経営と異なる〝日本的経営〟と称すべき、一つの統合されたビジネスのタイプやシステムを明らかに示すようになりました。

こうして動かしがたく確立した、いわば現代の日本の企業のあり方とシステムは、本書のように、大ざっぱながら歴史的にみてくると、密接な人間関係のビジネスの、進化的な発達の産物とみることができます。江戸時代の商人道、明治時代の実業の道、そして戦前の温情主義から経営一体・労使協調、企業福祉の向上、という発展の途をふり返れば、現代の日本の企業のあり方は、戦後民主主義時代の一つの到達点ということができるでしょう。

今日の日本の企業や経営の多面的な特徴のなかで、長期雇用とともに重要な側面として、組織・人事の弾力性（フレキシビリティ、ディマーケーション〈後述〉）や現場指向性（ショップフロア・オリエンテーション）について、いちおう指摘しておいたほうがよいかもしれません。それは「和と協力」「誠意と信用」のモラルが、著しく成長した大企業の組織と人事のありように、一貫して影響しつづけ、制度化されているように思われるからです。

日本の経営では、「企業は人なり」といわれ、トップから末端まで何よりも人事が重視されたことは、すでにふれました。戦前の大企業において、取締役の部課長兼任、職員の転勤、労働者の職場の移動などは、会社に勤める者にとって当然のこととして行われました。

戦後、労働者の権利意識は非常に強くなり、特に、長期雇用と身分の平等といった面で制度化されました。反面、経営の組織や人事における権利の保障といった点については戦前とほとんど変わりませんでした。代表的な例をあげましょう。一九六〇年代すなわち昭和三〇年代後半の鉄鋼業をはじめ大メーカーによる大型プラントの建設・操業と、スクラップ・アンド・ビルドは一つの契機でした。新しいプラントの多くは、遠隔地の臨海工業地帯に建設され、その効率的操業にはしばしば従来の主力工場からの多数の従業員の移動が必要となりました。こうした配置転換は、人権の問題としては非常に困難とみられましたが、結局はトップの経営者や幹部社員の「率先垂範」のもとに、技術者・職員として労働者の移動が次々に実現しました。民主的権利として雇用の保障は高い程度まで制度化されましたが、職場や職務についての権利は確保できなかったのです。

イギリスはじめ欧米諸国の場合、従業員の身分的あるいは業務上の諸権利の保障が「ディマーケーション（demarcation）」として、歴史的に制度化されており、やがてそれが組織の硬直化、官僚化をもたらしました。こうした組織の融通の乏しさは、かつての社会主義国では中央の統制と結びついて特に著しかったわけですが、自由主義国でも大企業に不可避な難点となっています。その後、流動化のための諸施策（ダイリューション、dilution）が講ぜられていますが、必ずしも十分に機能しているわけではありません。

日本の企業では、現場重視の人事と組織も、戦前以来の伝統をうけついで弱体化することなく、むしろ高度成長期に発展しました。大規模な工場やプラントの現場では、製造・技術・労務のほかに、開発・設計・管理・検査・総務・会計・厚生など、本社とほとんど変わらないような機能的な組織がどこでも設けられ、それとともに、技術者はじめ有能な人材が配置され、ラインの作業員にたちまじって働くことになりました。ちなみに、欧米諸国では学歴の高い研究者は科学者《サイエンティスト》と呼ばれ、彼らは工場とは独立した研究所に勤務するもので、工場に派遣されるということは考えられないことです。こうしたいわば現場主義の経営は、日本のメーカーの多品種生産や、きめ細かい製品開発、品質管理などを可能とする組織の基盤をなしているところです。

さて、このようにみてくると、現代の日本の大企業がその理念と構造において、アイデンティティの高い産業民主主義の一つのタイプであることが知られます。同時に、日本の企業が道と心を精神的根拠とするものであり、重大な問題に直面すれば、そこにたち返ることも、おわかりいただけることと思います。

もっとも、「公」と「和」そして「人倫」を尊重する日本の経営の道と心の意識にしても、最近においては、時代とともに避けがたく色あせている、との意見があるかもしれません。事実、組織における役割を私生活に優先する価値観も、自分の生活を最優先しようという若い世代の傾向によって変化しているかもしれません。

これら若い世代の価値観の変化は、むろん重要なことですが、分析は容易でないし、本書の主たる目的でもありません。ここでは最後に、現代日本の産業、企業の高い国際競争力が、いかに伝統的な、現場主義的な経営の組織と人事、そして公と和を尊ぶ第一線の管理者たちの心によって支えられているかを、ほんの一例ですが、最近たまたま私自身が経験した事実の紹介によって示唆してみたいと思います。それは、日本の代表的な電機メーカーT社の事例です。

和と自己抑制

電機メーカーのT社は、一〇〇年の歴史をもつ名門会社であるとともに、現在も日本を代表する大手の一社です。たまたま同社の前社長のW氏と知己となりましたので、訪日中のパリの社会科学大学院大学のフリーダンソン教授（Patrick Fridanson）に請われるままに連れだってT社を訪問しました。同教授は、私と同じ経営や産業の歴史研究が専攻で、フランスの電機メーカー、トムソン社がT社と提携したので、特に強い関心と研究意欲をもっていました。なおW氏は、T社の社長に数年前に就任したものの、まもなく系列会社のT機械のココム違反事件が起こり、責任をとって直ちに辞任し、現在は相談役です。戦後の主力工場長として長い経歴をもち、気どらない態度と誠実な性格で、社内の人望が頗る高いと聞いていました。

T社本社の、東京湾を一望のもとに見渡せる最上階四〇階の相談役室に入りますと、氏の机の前の壁に、座右の銘らしく「莫妄想」と書かれた小さな額がかけてありました。石田梅岩最後の著述の書名であり、石門心学の神髄を伝える一語といわれています。確かめるいとまもなく、日本の電機メーカーの経営の特徴と国際競争力そして海外活動についての、フリーダンソン教授の質問が始まりました。

W氏は、日本の有力電機メーカーの国際競争力は、要するに消費者・需要家の要望におうじた製品の開発力であること、そしてそれを可能たらしめるべくT社も、工場にできるだけ有能な社員を派遣し、開発中心に各セクションを協力せしめていると、

「結局は新製品の開発力がもっとも重要だと思いますね。半導体の四メガの成功が最近のいい例だと思うんですが。

それも工場のシステムですね。うちでは設計、製品開発のところを重視しているのです。特に日本では、よそもそうかもしれませんが、設計と製造とをフィードバックさせるようにしている

んです。そこがポイントでしょうね」

こうW氏はつけ加え、同社が誇る最新のエアコンディショナー生産の富士工場を見学できるようにとりはからってくれました。この見学が秘書の電話一本で話がついたのも、同教授には大きな驚きで、フランスの大会社では面倒な官僚制的な手続きが必要とのことでした。
二、三日の後、私たちは同工場（従業員数二八〇〇人）を訪問し、各施設とラインの操業の現場を見学したのち、工場長以下部長級の工場幹部数人と、テーブルを囲んで懇談しました。
工場側の説明をひと通り聴くと、フリーダンソン教授が、EC諸国とちがって、日本の電機メーカーの工場には、高学歴のエリート・コースの社員まで同じ作業服で労働者とともに働き、かつ工場の人々全体が製品の開発・改善にとり組んでいることに感歎した、と感想を述べました。

そしてこう質問しました。

「製造、設計、技術、開発など担当の皆さんが協力して、すぐれた製品開発に成功されていることはよくわかりました。しかし、それぞれの部門は、自身の意見と利害があって、それぞれ相違があるはずです。だから、リーダーである皆さんのなかで対立とか葛藤《コンフリクト》があると思いますが、それはどう解決するのですか？」

私は、最年長で、日焼けした顔の工場長に返事を求めました。

「もちろんです。だから私たちの会議ではいつも激論になるんです。まったく。激論につぐ激論です。製品の開発は、そういうつらい努力と苦労の成果ですね、簡単なことではありません」

工場長は、全員の顔をみまわして、同意を得るように答えました。

「それで、議論の結果がまとまるものなのでしょうか?」

工場長は顔をしかめてうつむきました。

「結局は、だれかに泣いてもらうんです。特に製造部長にはいつも泣いてもらっているなあ」

ここに、「公」と「和」の尊重、全体と個の緊張、そして、「私」を抑制する態度が端的に表明されています。

終章 「道と心の経営」の今

第四部では、心学が説き、近・現代の経営に体現された「道」と「心」を辿ってみました。ここでは近・現代の自由と競争の経済社会においても、心学以来の「公」と「和」、そして「人倫」の尊重に代表されるような自己抑制的なモラルや組織のあり方が、企業経営の進化の重要な精神的な側面をなしてきたことを考察しました。

ところで本書の最後に、現在と将来への関心から、次のような疑問が寄せられるかもしれません。

日本の産業や経済は、なるほど近年は高い国際競争力をうるまでにいたったものの、内にはバブル経済の崩壊、外には国際化《グローバリゼイション》と構造摩擦、さらには世界的な経済秩序の変革のような重大な転換期を迎えている。社会主義的な計画経済は破綻したといえ、その反面でいわゆる自由主義諸国の経済や経営について、その将来や見通しは必ずしも判然としない。資源・環境問題を前にして、市場原理主義についても問題が多い。社会主義市場経済を唱える中国も信用不安が著しい。こうした不確実な現在という時点において、『都鄙問答』や石門心学の説く日本に伝統的な経営の道が、いまだに何らかの教訓や示唆を与えうるものであろうか。おおよそこうした趣旨の疑問です。

筆者としては、序説に述べておいた通りで、古典のもつ深い知恵は、原文を虚心に読むことによって得られる、と答えるほかないのですが、第二部でたどってみた日本の近代化と心学思想の系譜の延長において、蛇足ながら若干の私見を付記しておくことも無意味ではないかもしれません。そこで、この終章で、もっとも本質的と思われるいくつかの点をとり上げ、読者の参考に供することにしましょう。

向上心と自己抑制は経済成長の両輪

第一に、本書の要約ともいえますが、企業の発展や経済の成長と、ビジネスの道徳や倫理それ自体の問題です。この点では、素朴な商業の道としてであれ、営利的ビジネスにたいする倫理の必要や意義を根源的に、日本人の心性にそくして説いた『都鄙問答』は、現代においても、さらには将来においてすら、一つの真実を示唆しています。

いうまでもなく企業経営すなわちビジネスは、古今東西を問わず、経済活動の源泉であり、担い手であり、経済の近代化や成長にとって、もっとも重要な主体であります。政府の役割はいかに大きくても、副次的でしかありません。日本をはじめとする現代の先進諸国は、ビジネスが社会全体さらに世界のあり方まで支配するほど高度に発展した経済社会といえましょう。

さてビジネスは、もとより営利的な人間活動で、人々の「豊かさ」を求める物質的な欲求にもとづいています。その限りで経済の発展や繁栄には、人々の思想と活動そして生活のあり方の自由が、競争条件とともに、政治的、社会的に保障されねばなりません。とりわけ、与えられた自分を乗り越えようとする〝向上心《アスピレーション》〟には、近代の人間の本来的な欲求として、その実現のための機会や社会秩序が十分に準備さるべきでしょう。

ですが、企業経営は人々の営利心や向上心に根ざし、競争によって刺激され、促進されるといえ、社会的反省のない排他的な利己心とか、まして貪欲とか拝金主義が、企業の着実な成功や持続、ひいては一国の経済成長や長期的な繁栄を約束するものではありません。自由と競争も、資源の有限な世界において、無限の未来を約束するものではありません。パラドキシカル（逆説的）ですが、ミクロの企業活動でも、マクロの経済発展のレベルでも――成果自体は物質的な富なのですが――、長期的な業績の達成には、倫理的ないし自己抑制的な努力を必要とするものです。

A・スミスも石田梅岩も、自由な利己的活動の効用とともに、道徳的秩序の意識の必要を提唱した偉大な先駆者でした。

商業や小生産者の時代でなく、近代産業の時代になれば、資本の額は大きくなり、投資の懐妊期間は長くなります。したがって、一つの社会や国家レベルでの工業化や経済近代化の達成には、一面で国民的ともいうべき向上心や挑戦の精神とともに、他面でビジネス活動にかかわる人々の精神性や自己抑制さらに禁欲的努力、そして公的なものごとを重視するモラルが（ときにはリーダーは無欲さえ）不可欠となるといえます。

欧米の一八、一九世紀は近代的ビジネスと産業の興隆の時代でしたが、「道徳」の世紀でもありました。明治以降の日本の工業化や、戦後復興から高度成長をもたらした主体的な要因でもありました。

転機にもくつがえらなかった価値観

経営の具体的な倫理についてみると、倫理や道徳といってもその内容をみれば、同じ民主政治、自由経済を標榜しても、それぞれの国によって、価値観や文化にもとづく相違があります。たとえば、アメリカにおいては、自由と機会の平等（富や所得の平等ではまったくありません）という個人主義の価値観が強く、最近の経営の倫理としては、「合法性」（リーガリティ）が強調されるほか、「正直」（ネオスティ）、「公正」（フェアネス）、「信用」（フィデリティ）、「責任」（リスポンシビリティ、アカウンタビリティ）、「誠実」（インテグリティ）、「社会貢献」（ケアリング・フォー・アザーズ）などがくり返しあげられています（ジョセフソン経営倫理研究所『エスィックス』誌、一九八九～九二年）。

同じ個人主義的価値観の強い欧米諸国においても、フランスやイタリアでは、「合理性」がそれほど重視されないし、アメリカのように必ずしも厳しく倫理項目を列挙したりしません。この点では日本に似ているところもあります。単に興味あるというばかりでなく、この問題について考える際に注意する必要のあるところです。

それはともかく、日本に即してあえて経営倫理という観点から考えてみれば、日本のビジネスは、経営を公の場としてその持続性を尊重し、国家・社会への「責任」と「奉仕」を重視し、「堅実」と「信用」につとめ、会社という共同体内の「和」と「勤勉」を徳とする、というようにいえることでしょう。だが、日本の場合に本質的なことは、それら具体的な倫理の徳目以上に、根底たる人間相互の関係の意識が重要でありつづけた、ということです。

言い換えれば、われわれ日本人の価値観の底流をなしたものは、伝統的に、密接な人間関係を重んじ、自他を「一」として配慮しようとする道の意識であり、物質的な価値とむしろ対極をなす心性であったといえるでしょう。こうした価値観は、明治の文明開化や、敗戦直後の民主化のような歴史の重大な転機に際しては、根底からくつがえらんばかりにみえました。だがしかし、人倫の道を考え、心を重んずる日本人の意識は、そのたびに事態の変化に高い適応力を示し、新しい段階のビジネスは、むしろ外からのチャレンジを吸収して、組織の進化的な発展をとげました。明治期の会社組織による経営の発達がそうでしたし、戦後改革後の労使の相互信頼、従業員福祉的な経営の形成にもみられるところです。

こうした組織体としての日本の経営は、不確実な世界の将来に照らしてみるとき、一つの資産といえます。

産業民主化の一つのタイプ

ここで企業経営のリーダーシップを考えてみましょう。日本の経営の基本的態度は、特定の原理・原則の忠実な遵守よりも、当面の問題にまず関心を集中し、従業員はもちろん、社会一般についても、人々の「心」がそれをどう感知し、意識しているかを把握しようとするものでした。こうしたいわば問題中心的なアプローチと努力は、組織の統合と持続のために、上からの一方的な命令が有効性を欠き、会社全体が協同してとり組まなければならない時期には、一つの長所といえます。何故ならそれは、対立した方針や思想による分裂や不協和―それが、現代の自由主義諸国の世界のいたるところで深刻にみられることは説明を必要としないでしょう―をさける最善の途だからです。

将来にたいして日本の経営の道が、より対応力をもつもう一つの理由は、「疎外」といわれる昔も今も厄介な問題に、欧米諸国よりも比較的有効に対応してきたことです。疎外感の一つは、機械はじめ科学的技術の導入によって、労働者はじめ人々がメカニカルな歯車の一片にすぎなくなることから生ずる人間性の喪失感で、近代の産業社会に共通した難点でした。日本でもむろん高度に機械化され、細分化された作業が一般的ですが、労働者は「心」の主体たる人間で、経営の「道」を実践する一員と考えられてきました。世界の興味の的となったＴＱＣは、全員参加的な自主的努力として、その成果の一つでしょう。労働者の職能・技術訓練の期間と方法は多様ですし、一般的・専門的知識の習得の機会もひろく与えられています。トヨタシステムはじめ、最近のセルシステムやマイスターシステムの発達も、その成果といえます。

「疎外」の他の側面に、「所有と支配さらには搾取」にかかわる問題があります。しかしこの資本主義に不可避的な側面でも、日本ほど組織の統合と連続に重きを置いてきた国は、ほかに見出せないといえます。所有と支配、所有と経営の分離は、本書で記してきたように江戸時代の商家の経営以来長い歴史をもち、出資者が企業を自己の私的所有物と考える意識は、つねに抑制されてきました。近代企業においても会社はそれ自体がどこか公的な存在で、社長から末端従業員まで、共通の利害に奉仕している「心」を感じていました。特に戦後は株主が影響力のある立場から大幅にシャット・アウトされたため、この傾向が強化されました。人倫の道のもとで、企業内の階層間の対立した関係あるいは階級意識は強くはなりませんでした。これらの面からみると、労働者が取締役会に参加するドイツはじめEU諸国の〝経営参加（共同決定）〟方式の経営は、進歩的といえ、形式的にすぎ、中途半端とさえ感じられます。

究極的には統合を理想とする経営の道が民主主義的権利と結びついた日本の企業のありようは、国際的にみると、産業民主主義《インダストリアル・デモクラシー》の一つのタイプないし東洋のモデルであることは明らかです。

実際、欧米の個人主義的な価値観は、自由と自律の精神を基礎に近代の資本主義の経済社会の基盤を形成したといえ、どこか行きづまりの様相がみえます。そこでは、人間を、自我の意識の主体、アトム（原子）的な実体と考えやすく、特に戦後は個人の一方的な自己主張と権利を重んじ、人間と人間との自然なかかわりの側面を軽視しすぎる傾向が表面化したようにみえますし、こうした人間観にたいする反省が生じています。その結果、他者を自分のなかにみる「自己《セルフ》」の意識や、さらには日本的な「心」についての興味や、東洋におけるいわば集団指向性といわれる組織のあり方についての関心が、近年、寄せられていることも事実です。

関係にとらわれがちな「公」意識

最後に、心学以来の、人間の関係を重んずる道の経営の弱点ないし問題点についても考えておくべきでしょう。ことに近年において日本の企業とそして社会が、好むと好まざるとにかかわらず、国際的に開かれた関係をつくってゆかねばならないからには、さしあたり欧米先進国との比較における弱点にも眼を向けないわけにはいきません。

日本の経営では、出資者・株主のほかに、ないしそれ以上に、組織に所属する人々への配慮につとめ、さらに顧客や取引先など組織にかかわる外部の人間関係をも重視してきました。その歴史的進化の帰結は、日本的経営として知られる、ステイクホールダーのなかでも従業員本位の経営体制であり、系列やグループに代表される、日本のいわば「企業システム」というべきものの発展でした。それは同じ市場経済、自由貿易の資本主義経済といっても、欧米諸国のそれとは

（欧米での国による相違があるといえ）、異質といえないまでも、別なスタイルの経営であり、ややちがったタイプの市場経済の社会といわねばなりません。

もちろん、先に述べたように、経営にかかわる内外の人間とその関係を大切にし、人々の心に配慮することは重要なことであり、その上に築かれたシステムは大きな長所をもっています。だが反面、日本の経営の道と、そして心の対象は、さしあたりわれわれ個々人が直接かかわる人々が対象であって、他の企業や、まして外部の社会や世界にたいしては、関心が稀薄となりがちです。われわれの「公」の意識や責任感が、職場・企業・国家のような人間の縦の構造の関係に向かいがちで、欧米文化圏のパブリックという、いわば横の社会への意識とかなりちがうこともつけ加えておくべきでしょう。

日本の企業主義、企業エゴといわれるような過当競争などの弊害や、系列や取引関係先との癒着など、人間関係、特に直接的な人間関係への緊密な配慮から生ずる大小さまざまな問題も、多くはここに起因しています。近年、日本の経済学者のなかには、日本の経営のシステムの基底的な原理として、資本主義でなく「人本《じんぽん》主義」である、さらには日本の組織のシステムとして「間《かん》人《じん》主義」であるという用語や概念が唱えられたりしています（日本型システム研究会「日本型システム―人類文明の一つの型」）。これらの主張は、本書の文脈においても有用な議論として評価されますが、その反面の弱点や欠陥も視野に入れる必要があります。

もっとも、日本的経営の弱点をここで一つ一つとり上げることとは、あまり意味のあることとは思われません。むしろ経営の「道」において、もっとも根源的な、日本の経営の「心」、さらには日本人の「心」そのものについて、その長所を十分に認めた上で、一つの反省を試みることが、本書の趣旨においてより重要なことでしょう。

べったりした人間関係を助長するおそれ

さかのぼって江戸時代の心学以来、われわれ日本人は「心」をもって人間の本質的なものと考え、一般に、他人の「心」に配慮することは普遍的な人間の道、ないしヒューマニズム、そして美徳として議論の余地のないものとしました。しかしそうした「心」の尊重は、あれこれ議論することを嫌い、ときには理屈として退ける傾向につながることにもなりました。いったい「心」にあたる適切な欧米語（少なくとも英語・ドイツ語）がないことも知るべきでしょう（「和」についても同じことがいえます）。例えば英語の「マインド」はより知的な意味ですし、「ハート」はより情緒的です。ドイツ語の「ゼーレ」はより精神性に傾き、「ヘルツ」は感情的です。心は、より広く全体的で、関係性を含んだ言葉です。

日本の経営では、「奉仕《サービス》」の価値を消費者やユーザーの心と結びつけて大切にし、「感謝」の心を重んじます。これも、単一民族、同一言語の均質的《ホモジーニアス》社会のもとに発達した、きめこまかい市場や生活様式に対応し、心学的な思想が伝統的に助長してきたところです。しかし、アメリカのように歴史的に多民族で、人間個々人の間に緊密、綿密な関係の乏しい非均質《ヘテロジーニアス》的な社会のビジネスにおいては、「奉仕」や「感謝」の倫理観はあまり重要でないし、サービスについても能率と低価格が強調され、情緒的な要素よりも、「適法性《リーガリティ》」や「公正《フェアネス》」こそ、何をおいても重要なビジネスの倫理やモラルと意識されます。

さらに日本の経営は、直接かかわる人々の「心」を重んずることが、往々にして「なれあい」とか、「親分子分」的な意識、要するにべったりした人間の関係を助長し、「正直」とか「正義」の感覚を鈍らせないとはいえません。バブル経済の反省から、これまでの営利本位から「心」の経営への転換というような声も聞かれます。だがしかし、心を通ずる、心を重んずる信頼の関係は重要ですが、イージーな関係、すなわち結合となってはならないわけで、ここに心の経営のいわば陥穽《かんせい》があります。さまざまな不正行為（それが個人や限られた少数者の行為であっても）が、しばしば組織ぐるみとして明らかにされていることも、多くはこの点に起因します。

「道と心」は東洋の近代化のモデル

最後に、道と心の拠って立つ日本的経営や企業倫理について、よりひろい視野で考えてみましょう。

日本的経営の基盤は、欧米の先進資本主義国の眼からみれば、進歩した個人主義的価値観と東洋の遅れた伝統的価値観の一時的な均衡に立つもので、いずれは経済の成長とともに、人権の主張はじめ個人主義的価値の発展によって、後者は消滅するであろう、と考えられています。事実、近年において若い世代の人々が、個人的な権利や利害の主張に傾いており、それによって伝統的な秩序やモラルが崩れているとの日本の中高年者の嘆きは尽きるところがないようです。

しかし、本書が考察してきたように、日本の企業の発展はドグマ的な原理ではなく、道と心のあり方で、つねに大きな変革のたびに個人の欲求・向上心そして個人主義的諸権利を組織に吸収し、進化的成長を達成してきました。これを韓国、台湾、中国など他の東洋諸国の資本主義的発展の経験に照らしてみると、欧米諸国とは異なる、東洋における経済近代化と企業発展において、共通した精神的要素（＝強いアスピレーションと経営の「道と心」）が見出せるように思われます。中国人にとっても韓国人にとっても、「道」と「心」は、「倫理」よりも、はるかに親しみやすい言葉です。

日本の経験は、経営の「道と心」の東洋におけるプロトモデル（先駆モデル）といえるかもしれません。この点を指摘し、その研究は今後の課題として、本書を締めくくりたいと思います。

あとがき

本書の校正にとりかかったとき、就任早々のマハティール、マレーシア首相がたまたま来日し、マスコミの前で日本観を披瀝しました（六月一二日）。それによると、日本は今日なお東アジアの盟主であること、そして国民は勤勉であり、社会に秩序がゆきとどいていて、アジア諸国は範とすべきである、とのことでした。同首相は経験豊かな政治家であり、清廉《せいれん》で教養ある人物として知られていますから、この声明も単なる外交辞令とか追従《ついしょう》でなく、率直な感想と思われます。

日本を除く他のアジアの国々では、天災を含めて災害にみまわれると、暴動・略奪などの治安の悪化はじめ、生活用品の価格の暴騰、インフラの長期的な麻痺が避けられません。そうした事態が起こらないのが日本の長所、ということでしょう。とすれば、日本人の教育水準とともに、「勤勉」「誠実」「和と協力」が評価されていることになり、それらは、歴史的にみると、梅岩以来の心学的な伝統に結びついているようにみえます。

そうした長所の反面、最近の日本で、ビジネスエリートたる財界人というべき人々の相次ぐ不祥事も思い起こさずにはいられません。なかでも長い歴史をもつ電機メーカーの有力会社のT社の最高経営者が、決算に際し、利益の大幅な改ざんを部下に命じたということは、かつてT社の社長は、心学の『莫妄想《まくもうそう》』（第二部第四章、第三部第四章）をもって座右の銘としていただけに、まことに残念というほかありませんでした。

もちろんこれは限られた事例というべきでしょう。昨今の金融界を代表する橋本徹氏（富士銀行頭取、全国銀行協会会長、政策投資銀行社長を歴任、現日本工業倶楽部専務理事）は、機会あるごとに石田梅岩に学んだ経験を語っています（前田裕之『実録　銀行』ディスカヴァー・トゥエンティワン、二〇一八年、第四章）。また、日本商工会議所会頭の三村明夫氏から筆者は、石門心学に対する関心を直接お聞きしたことがあります。本年になって柴田実著『石田梅岩』（吉川弘文館、一九六二年）も復刻されました。

さらに、現在の石門心学（講舎）の動向について、ここでふれておくべきかもしれません。本書でみたように、心学の歴史的本拠は、京・大阪であります。戦後になって活動を休止した時期もありますが、関係者の努力によって、歴史と伝統をもつ京都の修正舎（小谷達雄理事長）、大阪の明誠舎（堀井良殷理事長、中尾敦子副理事長）は、それぞれ社団法人として存続し、史料の維持・保存、情報の収集、定期的講演会や勉強会などの諸活動を行っています（ちなみに東京の参前舎は名実ともに廃絶状態のようです）。

また修正舎、明誠舎と連携しつつ、石田梅岩出生の京都府亀岡市には石田梅岩先生記念館が仮設されているとのことでした。たまたま筆者が本年三月明誠舎を訪問したとき、桂川孝裕亀岡市長が講演に来訪されており、二〇二〇年には本格的な記念館の建設・開館などの顕彰事業を構想しているとのことでした。

なお、明誠舎の理事の清水正博氏は、全国各地の心学講舎の跡をひとつひとつ丹念に歴訪し、記録をとっておられました。かつての心学の伝統が引き継がれていると感銘を新たにしました。

最後に、本書の出版に際し、お世話になった方々に感謝しなければなりません。発行元の冨山房インターナショナルの坂本喜杏社長、仕事が予定より遅れて多大なご迷惑をかけた新井正光編集主幹には深謝申し上げます。

はしがきでふれました桜井毅氏（元武蔵大学学長）は、スミスからリカルド、ミルそしてマルクスと、古典派経済学に通暁しており、石田梅岩はじめ日本の経世済民学者との比較について、多くの示唆をいただきました。学生時代からの友人関係があってのことです。

そのほか、清水正博氏はじめ、明誠舎の皆々様には心学の現状を数々の資料でご教授いただきました。もちろん筆者の勤務先の公益財団法人三井文庫の研究員（近世専門の村和明〈昨年東京大学に移籍〉、下向井紀彦、萬代悠）をはじめ、職員のみなさんにご協力いただいたことはいうまでもありません。

二〇一八年一二月

由井常彦

【主要参考文献】

青沼の自然と歴史刊行会編（長野県南佐久郡）〔一九六五〕『青沼の自然と歴史』青沼の自然と歴史刊行会
家永三郎〔一九五四〕『日本道徳思想史』（改訂版〔一九七七〕）岩波書店
石井寛治〔二〇一八〕『資本主義日本の地域構造』東京大学出版会
石川　謙〔一九三八〕『石門心学史の研究』岩波書店
石川　謙〔一九六四〕『心学―江戸時代の庶民哲学』日本経済新聞社
石田梅岩〔一七三九〕『都鄙問答』（足立栗園校訂〔一九三五〕『都鄙問答』）岩波書店
石田梅岩〔一七四四〕『倹約斉家論』（電子版）心學研究社
石田梅岩・柴田実編〔一九七二〕『石田梅岩全集』（改訂版〔一九九四〕）清文堂出版
井原西鶴〔一六八八〕『日本永代蔵』（東明雅校訂〔一九五六〕『日本永代蔵』）岩波文庫
上野陽一〔一九五六〕『能率道講話』技報堂
ウェーバー、マックス（森岡弘通訳）〔一九七〇〕『儒教と道教』筑摩書房
荻生徂徠〔一七三〇頃〕『政談』（辻達也校注〔一九八七〕『政談』）岩波文庫
賀川隆行〔二〇一二〕『近世江戸商業史の研究』大阪大学出版会
佐口和郎〔一九九一〕『日本における産業民主主義の前提―労使懇談制度から産業報国会へ』東京大

学出版会
桜井　毅〔一九六八〕『生産価格の理論』東京大学出版会
佐々木聡〔一九九八〕『科学的管理法の日本的展開』有斐閣
柴田鳩翁、柴田実校訂〔一九七〇〕『鳩翁道話』平凡社東洋文庫
柴田　実〔一九六二〕『石田梅岩』（新装版〔一九八八〕）吉川弘文館
柴田　実〔一九七一〕『日本思想大系42巻　石門心学』岩波書店
島田燁子〔一九九〇〕『日本人の職業倫理』有斐閣
杉原四郎・逆井孝仁・藤井昭夫・藤井隆至編著〔一九九〇〕『日本の経済思想四百年』日本経済評論社
高槻泰郎〔二〇一八〕『大坂堂島米市場―江戸幕府vs市場経済』講談社現代新書
竹中靖一〔一九六二〕『石門心学の経済思想―町人社会の経済と道徳』（増補版〔一九九八〕）ミネルヴァ書房
竹中靖一〔一九七七〕『日本的経営の源流―心学の経営理念をめぐって』ミネルヴァ書房
土屋喬雄〔一九六三〕『日本経営理念史』日本経済新聞社（復刻版〔二〇〇二〕麗澤大学出版会）
西川如見〔一七一九〕『町人嚢』（飯島忠夫・西川忠幸校訂〔一九四二〕『町人嚢　百姓嚢　長崎夜話草』）岩波文庫
西坂靖〔二〇〇六〕『三井越後屋奉公人の研究』東京大学出版会

郵政省編（一九六八）『郵船百年史資料』吉川弘文館
間宏（一九六四）『日本労務管理史研究―経営家族主義の形成と展開』ダイヤモンド社
林玲子（二〇〇〇）『近世の市場構造と流通』吉川弘文館
久松真一・八木誠一（一九八〇）『覚の宗教』春秋社
ヒルシュマイヤー、ヨハネス・由井常彦（一九七七）『日本の経営発展―近代化と企業経営』東洋経済新報社（英文再版：アレン・アンド・アンウィン社）
福永光司（一九八二）『道教と日本文化』（新装版（二〇一八））人文書院
古田紹欽（一九五三）「二つでない心」『こころ』第一号
古田紹欽（一九五四）「本心とは何か」『こころ』第八号
ベラー、ロバート ニーリー（堀一郎・池田昭訳）（一九六二）『日本近代化と宗教倫理―日本近世宗教論』未来社
丸山真男（一九五二）『日本政治思想史研究』（新装版（一九八三）、英文版（一九八五））東京大学出版会
三井文庫（一九八〇）『三井事業史』（本編第一巻）三井文庫
宮本又郎（一九八八）『近世日本の市場経済―大坂米市場分析』有斐閣
宮本又次（一九四二）『近世商人意識の研究』有斐閣（宮本又次（一九七七）『宮本又次著作集』第二巻、講談社）

八木誠一〔一九九八〕『宗教とは何か―現代思想から宗教へ』法蔵館
安岡重明〔一九七〇〕『財閥形成史の研究』ミネルヴァ書房
安丸良夫〔一九七四〕『日本の近代化と民衆思想』青木書店（再刊〔一九九九〕平凡社ライブラリー）
山本七平〔一九九〇〕『江戸時代の先駆者たち―近代への遺産・産業知識人の系譜』ＰＨＰ研究所
山田敬齋述〔一九五四〕『石門心学講話』道義昴揚推進会
由井常彦・大東英祐編〔一九九五〕『大企業時代の到来』岩波書店
吉田豊編訳〔一九七三〕『商家の家訓』徳間書店（再刊〔二〇一〇〕清文社）
脇田修編著〔一九八〇〕『近世大坂地域の史的分析』御茶の水書房
『武蔵国江戸日本橋白木屋大村家文書』（国文学研究資料館寄託資料）
『江戸白木屋文書』（東京大学法学部法制史資料室所蔵）
　複製版：石井寛治・林玲子編〔一九九八〕『白木屋文書　問屋株帳』るぼわ書房
　林玲子・谷本雅之編〔二〇〇一〕『白木屋文書　諸問屋記録』るぼわ書房

由井常彦（ゆい　つねひこ）
1931年長野県生まれ。東京大学経済学部卒業、同大学院修了。経済学博士。明治大学経営学部教授を経て、現在、公益財団法人三井文庫常務理事・文庫長、明治大学名誉教授、一般財団法人日本経営史研究所名誉会長ほか。
〈主な共著書〉『歴史の立会人　昭和史の中の渋沢敬三』『安田善次郎』『豊田喜一郎伝』『近代日本経営史の基礎知識』『日本の経営　産業経営史シリーズ』ほか多数。

『都鄙問答』と石門心学
―近世の市場経済と日本の経済学・経営学

二〇一九年三月十三日　第一刷発行

著　者　由井常彦
発行者　坂本喜杏
発行所　株式会社冨山房インターナショナル
東京都千代田区神田神保町一-三　〒一〇一-〇〇五一
電話〇三(三二九一)二五七八
URL: www.fuzambo-intl.com
印　刷　株式会社冨山房インターナショナル
製　本　加藤製本株式会社

ISBN978-4-86600-060-2 C0034